Wissenschaftliche Untersuchungen
zum Neuen Testament

Begründet von Joachim Jeremias und Otto Michel
Herausgegeben von
Martin Hengel, Otfried Hofius, Otto Michel

20

Drei hellenistisch-jüdische Predigten

Ps.-Philon, „Über Jona", „Über Simson" und „Über die
Gottesbezeichnung ‚wohltätig verzehrendes Feuer'"

I

Übersetzung aus dem Armenischen und sprachliche Erläuterungen

von

Folker Siegert

J.C.B.Mohr (Paul Siebeck) Tübingen 1980

CIP-Kurztitelaufnahme der Deutschen Bibliothek

Drei hellenistisch-jüdische Predigten. – Tübingen: Mohr.
  Nach Angabe d. Haupttitels ist Ps.-Philon Verf. – Ps.-Philon ist angebl. Verf. –
  Enth.: Über Jona [Einheitssacht.: De Jona ⟨dt.⟩]. – Über Simson [Einheitssacht.:
  De Sampsone ⟨dt.⟩]. – Über die Gottesbezeichnung „Wohltätig verzehrendes
  Feuer" [Einheitssacht.: De Deo ⟨dt.⟩].
  NE: Philo ⟨Judaeus⟩ [Angebl. Verf.]; 1. enth. Werk; EST 1. enth. Werk; 2. enth.
  Werk; EST 2. enth. Werk; 3. enth. Werk; EST 3. enth. Werk.
  1. Übers. aus d. Armen. u. sprachl. Erl. von Folker Siegert. – 1980.
  (Wissenschaftliche Untersuchungen zum Neuen Testament; 20)
  ISBN 3-16-142601-0
  ISSN 0512-1604
NE: Siegert, Folker [Hrsg.]

Printed in Germany. Satz und Druck: Gulde-Druck, Tübingen. Einband: Heinrich
Koch, Großbuchbinderei, Tübingen.

Inhaltsverzeichnis

Vorwort

Wie wurde in der griechischsprachigen Synagoge der Antike gepredigt? Welche Theologie wurde den Laien nahegebracht und in welcher Form? Bisher waren über die Hauptattraktion der alten jüdischen Diaspora, die Synagogenpredigt, nur indirekte Zeugnisse bekannt – man denke etwa an die Szene Apg. 13,14–42, wo ein offenbar wortgewandter Fremder (Paulus) während des Gottesdienstes gebeten wird, einen λόγος παρακλήσεως πρὸς τὸν λαόν zu halten. Wir hatten aber keine derartige Rede im Wortlaut – mit Ausnahme der hier erstmals in deutscher Sprache veröffentlichten Texte.

Die griechischen Originale dieser Predigten sind, wie so manches Erzeugnis des hellenistischen Judentums, verlorengegangen. Nur eine armenische Übersetzung hat sich zwischen den Buchdeckeln einiger Philon-Codices retten können. Sie wurde 1826 von dem Venediger Mechitharistenpater Mkrtič' Awgereanc' (oder Awgerean; romanisiert *Aucher*) ediert und mit einer lateinischen Übersetzung versehen, die bis heute die einzige überhaupt geblieben ist. Bei allen Verdiensten einer Erstübersetzung ist sie leider so undeutlich und vielfach auch ungenau, daß sie die Texte – wie deren mangelnde Rezeption bis heute beweist – nicht erschlossen hat. Mir selbst ist sie oft erst verständlich gewesen, nachdem ich das Armenische übersetzt hatte. Damit möchte ich jedoch meine Abhängigkeit von Auchers Vorarbeit nicht leugnen. Insbesondere zeigt seine hervorragende Interpunktion des armenischen Textes, daß er ihn besser verstand, als er es im Lateinischen wiederzugeben vermochte.

1936 hat Hans Lewy die Predigt „Über Jona" neu ediert und damit denjenigen der drei (oder genauer: vier) Texte, der am stärksten an Korruptelen litt, restauriert. Er hat dabei jedoch des Guten zuviel getan und manche rhetorische Schmuckfigur, die er nicht erkannte, „textkritisch" ausgemerzt. In solchen Fällen bin ich auf die Lesarten der Handschriften zurückgegangen.

Leider hat Lewy nicht lange genug gelebt, um den zweiten Band seiner

Ausgabe fertigzustellen, der eine englische Übersetzung und Anmerkungen enthalten sollte. Das Wichtigste an Konjekturen und Rückübersetzungen ins Griechische teilt er jedoch bereits im Anhang seines ersten Bandes mit; und in der *Introduction* (S. 1–24) behandelt er die Einleitungsfragen zu unseren Texten so ausgiebig, daß ich daraus nichts mehr zu wiederholen brauche. Nur einige Zusätze und Korrekturen seien hier noch gegeben.

Daß es sich um Übersetzungen aus dem Griechischen handelt, wird am klarsten an den gänzlich unarmenischen a.c.i.-Konstruktionen[a]. Von wem aber stammen die Originale? Mit Sicherheit läßt sich zunächst sagen: von (einem) Juden. Es fehlt den Predigten jeder christliche Anstrich, auch da, wo von einem „Retter" die Rede ist; und die drei Engel vor Abraham werden keineswegs als Typos der Trinität gedeutet. – So fraglos, wie Aucher Philons Verfassernamen beläßt bzw. erst setzt (bei *De Sampsone*), streicht ihn Lewy wieder (*Introduction* S. 3 Anm. 10). Sein pauschales Argument mit dem Stil scheint mir dafür nicht zu reichen; Philon schreibt auch maniriert genug. Aber der Inhalt spricht bei *De Jona* und *De Sampsone* klar gegen philonische Verfasserschaft: sie sind das Werk eines Rhetors ohne tiefere philosophische Bildung (dafür jedoch mit um so feinerer psychologischer Beobachtungsgabe). Vorläufig offenlassen möchte ich die Verfasserfrage bei *De Deo,* einem ganz philosophischen Text. Er bietet an einer Stelle (5 Ende) eine jüdische Triadenlehre, die sich fast wörtlich bei Philon findet (zweimal sogar auf dieselbe Bibelstelle, Gen. 18,2, bezogen: *Quaest. in Gen.* IV 1.2 und *De Abr.* 121). Im übrigen ist er aber so ausgeprägt stoisch, wie es Philons Schriften sonst nicht sind. (Der stoische Charakter spricht übrigens gegen eine Entstehung dieses Stücks nach dem 2. Jh. n. Chr.)

Zeitgeschichtliche Anspielungen finden sich in den Texten weiter keine; Zeit und Ort der Entstehung können nur geraten werden. Immerhin mag bezeichnend sein, daß die Simson-Predigt die biblische Geschichte aus ihrem ländlichen Milieu in ein städtisches überträgt (36).

Über die Entstehungszeit der armenischen Übersetzung läßt sich seit Yakob Manandeans Monographie über „die Hellenophile Schule und die Perioden ihrer Entwicklung" (1928, neuostarmenisch) Genaueres sagen. Unter ‚Hellenophile Schule' versteht man ein über mehrere Generationen hinweg beobachtbares Bestreben der armenischen Intelligenz, sich möglichst eng an griechisches Denken und griechische Spra-

---

[a] Außer den in Anm. 207 aus *De Jona* genannten finden sich weitere in *De Sampsone* 6.11 (Ende).18 (Ende).20 (zweimal).39 (Ende); *De Deo* 2.5.6.7 (mehrmals).9 (Anfang).

che anzugleichen. Die erste Leistung dieser Schule war (nicht zufällig) die Übersetzung des Dionysios Thrax ins Armenische. Manandean beschäftigt sich im Hauptteil seines Buches (S. 86–255) mit den „hellenophilen" Übersetzungen und teilt sie nach dem Kriterium zunehmender Überfremdung des Armenischen und nach einigen chronologischen Anhaltspunkten in drei „Perioden" oder „Gruppen" ein (S. 109–124; 124–142; 142–255). Philon (einschließlich Ps.-Philon) fällt in die erste Gruppe, für die charakteristisch ist, daß ein beinahe noch klassischer Wortschatz mit einer fremden, nämlich griechischen Syntax verbunden wird (S. 105–115). Diese Gruppe läßt sich in die erste Hälfte oder spätestens die Mitte des 6. Jh. n. Chr. datieren (S. 107. 115).

Soweit Manandean, den ich etwas ausführlicher referieren muß, weil Lewy ihn nur flüchtig gelesen oder jedenfalls schlecht verstanden hat[b]. Was er (*Introduction* S. 13–16) über Ort und Zeit der Philon-Übersetzung ausführt, trifft nur auf Manandeans 2. Gruppe zu, ist also für unsere Zwecke irrelevant. Von einer Widerlegung der Perioden-Theorie Manandeans findet sich bei Lewy jedoch keine Spur[c]. Im Eifer seiner Darstellung verliert er ganz aus den Augen, daß die Kunstsprache, mit der die armenischen Nationalphilosophen David und Elias aus dem Griechischen übersetzt worden sind und von der er so ausführlich handelt, nicht die Sprache unserer Texte ist.

Manandeans Buch bietet reiche Beobachtungen zum Wortschatz der Philon-Übersetzung (S. 119–124), die oftmals auch auf *De Jona* und *De Sampsone* zutreffen. Um so merkwürdiger ist, daß Dutzende von Wörtern, die in diesen beiden Predigten vorkommen, im großen Venediger

---

b Schon den Buchtitel gibt er (*Introd.* S. 11 Anm. 41) nur ungenau wieder. Im Referat von Manandean spricht er von *four classes* (S. 11) und unterstellt ihm eine Datierung der Philon-Übersetzung ins 5. Jh. (S. 12). S. 14 vermischt er trotz Berufung auf Manandean dessen 2. Gruppe mit der 3. – Daß bereits bei Akinean (vgl. nächste Anm.) derartige Ungenauigkeiten vorkommen, entlastet Lewy nicht.

c Auch Akinean, der eine andere Datierung der Hellenophilen Schule vorschlägt (siehe die Überschrift seines Artikels), hat Manandean nichts weiter entgegenzusetzen als die Hypothese, erst ein Exilsaufenthalt der armenischen Oberschicht in Byzanz ab 572 n. Chr. habe die Hellenophile Schule ausgelöst (Sp. 278–283. 378–382; Lewy teilt diese Hypothese, *Introd.* S. 13). Als ob nicht schon in Armenien eine intensive Berührung mit griechischer Kultur erfolgt wäre! Akineans methodischer Fehler, das erste greifbare Datum auch schon für das Anfangsdatum einer Sache zu halten, wird besonders deutlich an seiner Spätdatierung der Timotheos-Aeluros-Übersetzung (a.a.O.): deren erste Erwähnung 606 n. Chr. besagt *nicht,* daß sie erst zu der Zeit gebraucht wurde; schließlich war die Armenische Kirche schon 100 Jahre vorher auf der Synode von Dwin *(Dowin)* monophysitisch geworden, in bewußter Abgrenzung gegen Chalcedon. Manandean (S. 5.134 f.) betrachtet denn auch die dogmatischen Auseinandersetzungen des 6. Jh. als Anlaß und Triebfeder jener peniblen Übersetzungskunst.

Wörterbuch (ASA) nur mit dieser jeweils einen Stelle belegt sind. Auch hat mir Ralph Marcus' *Armenian-Greek Index to Philo's* Quaestiones *and* De vita contemplativa (JAOS 53, 1933, S. 251–282), sooft ich ihn zu Rate zog, nie etwas genützt. Wenn kein anderer Übersetzer am Werke war als derjenige oder diejenigen, die den echten Philon übersetzten, kann man daraus nur nochmals auf nicht-philonische Verfasserschaft schließen.

Mit ihrer Übersetzungsweise hat die „Hellenophile Schule" dem heutigen (und wohl auch schon dem zeitgenössischen) Leser erhebliche Schwierigkeiten bereitet. Die Nachahmung griechischer Syntax[d] reproduzierte nicht nur getreulich all die Schleifen und Manierismen des Originals, sondern verursachte neue Mehrdeutigkeiten und, als deren Folge, Abschreibfehler[e]. Dazu kommt in *De Jona* und *De Sampsone* die – gleichfalls reproduzierte – Unart ihres Autors, die Wörter knapp *neben* ihrer üblichen Bedeutung zu verwenden. So heißt es ‚einen Baum wärmen' statt ‚... pflegen' *(De Jona 211)* usf. Derlei „Katachresen" weist kein Lexikon aus. Und das übrige Vokabular ist, wo es sich wörtlich nehmen ließe, oft dermaßen antiquiert (‚Tugend', ‚Natur', ‚es gezieht sich' usw.), daß der Übersetzer, um die gemeinten Sachverhalte unter der Staubschicht einer in Jahrhunderten verschlissenen Kathedersprache freizulegen, seinerseits zu freierer Wortwahl greifen mußte. Nicht selten wäre eine wörtliche Übersetzung schlechthin unverständlich gewesen; das ist denn auch öfters das Mißgeschick von Auchers Latein.

Was also den Inhalt betrifft, hoffe ich, genauer übersetzt zu haben als Aucher; und auch den rhetorischen Schmuck, den einstigen sprachlichen Reiz der Predigten, versuchte ich mit Mitteln des heutigen Schriftdeutsch wiederzugeben (*docere* et *delectare!*). Vielleicht ist es mir gelungen, die Verunstaltung, die das griechische Original durch seine armenischen Übersetzer und Abschreiber erlitten hat, rückgängig zu machen und dem Urtext näher zu kommen als selbst die armenische Vorlage. Es versteht sich, daß ich auf eine Nachahmung der hypotaktischen, gräzisierenden Syntax des armenischen Textes verzichtet habe; nur ausnahmsweise habe ich lange Satzperioden, die ebenso verschlungenen Ge-

---

[d] übereinstimmendes Urteil von Aucher (zitiert bei Lewy, *Introd.* S. 17 Anm. 60), Manandean (S. 106 mit einer schwachen Einschränkung S. 111), Lewy (*Introd.* S. 17) und P. Manian (mündlich). Vgl. die in Anm. a genannten Beispiele unarmenischer a.c.i.-Konstruktion.

[e] Lewy, *Introd.* S. 19: *...the Armenian text of the* de Jona, *like the whole Armenian Philo, is full of syntactic corruption.* Diese Feststellung ist allerdings im Sinne der hier gegebenen Kritik an Lewy etwas einzuschränken.

danken wie maßgeschneidert schienen, im Deutschen nachgebildet. Manchmal sind solche Satzgebilde weniger ein Zeichen rhetorischer Überlegenheit als vielmehr eines gewissen Tastens, das der Übersetzer nicht ohne eigene Zutaten in ein sicheres Zupacken verwandeln kann.

Über alle Übersetzungsfreiheiten geben die Anmerkungen Auskunft, nicht immer jedoch über die folgenden, allzu häufig beanspruchten:
– Änderung des Satzbaus und der Wortstellung,
– Vereinfachung eines Hendiadyoin und Weglassen pleonastischer Verben und Partikeln (wie des oft sätzelang stereotyp wiederholten *k'anzi* ‚denn‘),
– anderer Gebrauch der Zeiten (Präteritum statt historischen Präsens, Präsens statt gnomischen Aorists oder Imperfekts),
– anderer Gebrauch des Artikels (hier scheint der armenische Übersetzer ohnehin nicht dem Original, sondern den Regeln seiner eigenen Sprache gefolgt zu sein).

Ein weiterer Zweck der Anmerkungen ist der Nachweis erfolgter Textkritik. In *De Jona* gebe ich stets an, wo ich
– von Lewys Wahl der Lesart abweiche,
– mit Lewy von sämtlichen Handschriften abweiche (Lewy macht seine Konjekturen manchmal nur schlecht kenntlich) oder
– eine Konjektur Lewys ablehne.
Sonstige Varianten werden je nach Interesse mitgeteilt. Für die übrigen Texte gilt das gleiche, bezogen auf Auchers Ausgabe.

Nicht selten haben sich Übersetzungsfragen, ja selbst Fragen der Textkritik erst durch Identifizierung der im Text verwendeten rhetorischen Figur klären lassen: darüber Aufschluß zu geben, ist der dritte Zweck der Anmerkungen. Für die Benennung und Funktionsbestimmung der weniger geläufigen Figuren habe ich der Einfachheit halber immer nur auf ein Buch verwiesen, Lausbergs „Handbuch der literarischen Rhetorik". Damit ist natürlich eine durchgehende Textanalyse noch nicht geleistet. Ebenso kommen Sachfragen, die schon zu einer Interpretation gehören, nur so weit vor, wie sie für den Wortlaut der Übersetzung ausschlaggebend waren.

Wörter, die im armenischen Text kein direktes Äquivalent haben, stehen in runden Klammern; zugesetzte Artikel sind jedoch meist nicht gekennzeichnet (Begründung siehe oben).

Die eingeklammerten Zahlen im Text entsprechen den (nachträglich zu numerierenden) Absätzen bei Aucher. Wo Lewy diese Zahlen gegen Auchers Einteilung verstellt, habe ich sie zurückgestellt. Auf dem inne-

ren Rand stehen die Seitenzahlen von Auchers armenischem Text, auf
dem äußeren Rand (bei *De Jona*) die Paragraphennummern Lewys, denen im Textinneren ein größerer Leerraum oder auch ein Trennungs-
strich | entspricht. Von einer Paragrapheneinteilung der übrigen Texte
habe ich abgesehen, um einer zu erwartenden Neuausgabe von De
Sampsone[f] nicht vorzugreifen.

Vielleicht ist hier noch eine kleine formgeschichtliche und inhaltliche
Charakterisierung der Texte am Platze.

Daß es *Predigten* sein sollen, könnte bei *De Jona* und bei *De Sampsone*
angesichts ihrer Länge manchen wundern. Jedoch hat die 20-Minuten-
Grenze in der Antike noch nicht gegolten. Nach Apg. 20,7–11 hat Paulus einmal eine Abschiedspredigt am Sonntagabend bis zum nächsten
Morgengrauen ausgedehnt; und wenn die gnostische Phantasie den Her-
renbruder Jakobus im Jerusalemer Tempel predigen läßt, so dürfte es
antikem und überdies orientalischem Zeitgefühl entsprechen, wenn es
dabei heißt: „er redete wenige Stunden" (NH V *4*, 61,7 f.)[g]. Daß es Predigten sind, scheint mir sicher wegen ihres Anredecharakters und ihrer
Gebundenheit an einen Bibelabschnitt. Homilien im stengen Sinn, d. h.
fortlaufende Auslegungen ihres Textes, sind *De Jona* und *De Sampsone*
jedoch nicht; es sind freie Auslassungen eines theologisch gebildeten
Rhetors über eine biblische Geschichte (und nicht so sehr über den Text)
unter Einsatz aller Mittel des *genus epidicticum,* also derjenigen Rede-
gattung, die bestehende Werte zu festigen und zu feiern hatte (vgl. Apg.
13,15 λόγος παρακλήσεως und in *De Jona: 152–156*). Eingestreut sind
spielerische Übungen im *genus judiciale* (*De Jona 56f. 118–135; De
Sampsone 38*) und im *genus deliberativum* (*De Jona 47–53* und öfter),
deutliche Erinnerungen des Redners an seine Schule.

Vollständig erhalten ist von allen Texten mit einiger Sicherheit nur *De
Jona;* auch diesem fehlen jedoch eine einleitende Anrede (wie wir sie
etwa Apg. 13,16 überliefert haben) und ein liturgischer Schluß (Doxolo-
gie, Amen), sofern dergleichen damals schon üblich war. Die situations-
bezogene Rahmung hat man bei der Verschriftlichung bzw. Tradierung
der Texte offenbar weggelassen. *De Sampsone* setzt darüber hinaus so
unvermittelt ein und bricht so unvorbereitet ab, daß sich größere Verlu-

---

[f] durch Chana Safrai, die in Jerusalem eine Dissertation über diesen Text vorbereitet.
Frau Safrai hat mir freundlicherweise mitgeteilt, daß im Text von *De Sampsone* nur geringe
Änderungen zu erwarten sind.

[g] Wolf-Peter Funk: Die Zweite Apokalypse des Jakobus aus Nag-Hammadi-Codex V,
neu hg., übers. und erkl., Berlin 1976 (TU 119).

ste am Anfang und am Ende vermuten lassen; doch kann sich darin auch
die (vielleicht sogar noch betonte) Improvisiertheit der Rede[h] ausdrük-
ken. Überhaupt galt ja für die διατριβή (welcher Gattung beide Predigten zuzurechnen sind) nicht der von *exordium* bis *peroratio* reichende
Formzwang der strengen Rhetorik.

Mit Aucher sehe ich also in *De Jona* und *De Sampsone* den Wortlaut
tatsächlich gehaltener Predigten, die durch einen Stenographen – nicht
anders als die eines Chrysostomos, eines Ephraem oder eines Gregor I.
von Rom – Literatur geworden sind.

Als Thema oder Roten Faden könnte man für *De Jona* benennen:
„Der gütige Gott", und für *De Sampsone:* „Der gerechte Jude". Daß in
De Jona die φιλανθρωπία Gottes (von der auch Philon spricht) unter
völligem Absehen vom Gesetz des Mose gepriesen wird, könnte zunächst seltsam anmuten; es erklärt sich jedoch sowohl aus dem Predigt-
text als auch aus dem Anlaß, zu dem dem dieser (wenn man vom Talmud
auf Verhältnisse in der griechischen Diaspora schließen darf) vorgelesen
wurde: es war der Nachmittag des Versöhnungstages (Megilla 31 a). Die
Geschichte von der Buße der Niniviten, mit denen sich Gott versöhnte,
gab diesem Tag eine nichtexklusive, der ganzen Menschheit geltende
Deutung (vgl. Philon, *De vita Mosis* II 23 f. mit seinem oberen Kontext).

Umgekehrt hat die Simson-Geschichte zu einer geradezu chauvinisti-
schen Predigt geführt (die m. E. deswegen nicht von einem anderen Autor zu stammen braucht). So missionarisch *De Jona* ist, so abweisend *De
Sampsone;* Abs. 36 ist, konkret genommen, nicht viel anderes als eine
Warnung vor Proselyten. Die Lobrede auf den Mord an den dreißig
„Fremdstämmigen" (44 ff.), in der diese Tendenz gipfelt, könnte als Zy-
nismus anmuten, wenn darin nicht das ethische Ideal der Affektbeherr-
schung und in Simson selbst das (rhetorisch überzeichnete) Modell des
stoischen Weisen wiederzuerkennen wäre.

Daß auch in dieser Predigt das Mosegesetz im Hintergrund bleibt,
liegt wiederum am biblischen Text und berechtigt zu keinem allgemei-
nen Rückschluß auf die Haltung des Diasporajudentums zum Gesetz.
Lediglich die christliche Rezeption dürfte Predigten wie diese bevorzugt
und andere übergangen haben.

Das kleine Fragment einer weiteren Predigt über Jona behandelt in

---

[h] vgl. ihre Überschrift. – Für Improvisation in *beiden* Predigten sprechen auch die häufigen Anakoluthe (vgl. Anm. 99), sowie gewisse inhaltliche Ungereimtheiten und Wider-
sprüche: in *De Jona* vgl. *75* mit *89, 138* mit *144, 139* mit *157, 142* mit *150;* zu *De Sampsone*
siehe Anm. 533 und 622.

anderer Weise eine auch in *De Jona (38–59)* dargestellte Szene, und zwar in bestem Homilie-Stil. Ob ein Abhängigkeitsverhältnis zu Chrysostomos (Lewy S. 6 Anm. 27) oder zum Armenier Ananias (Aucher S. 612 Anm. 1) besteht, muß bei der Kürze des Stücks offen bleiben.

Von eigener Art und theologisch wohl am interessantesten ist das Fragment „Über die Gottesbezeichnung ‚wohltätig verzehrendes Feuer'". Es entstammt auch einer Predigt; Abs. 7 enthält eine Anrede an die Hörer (darum ist die von Aucher S. 613 Anm. 1 vermutete Herkunft aus einem verlorengegangenen Buch von Philons *De somniis* unwahrscheinlich). Aber es spricht eine ganz andere, gedrängtere, mystische Sprache. Der gefällige Redefluß tritt zurück; die Worte sind bewußter gesetzt und erlauben, ja erzwingen nicht selten eine wörtliche Wiedergabe. Der Inhalt ist stoische Metaphysik und Gotteslehre, angewendet zur Allegorisierung einiger illustrer Bibelstellen – ein religionsgeschichtliches Unicum; denn was sonst von der Stoa ins zeitgenössische Judentum überging (siehe Aristobul, 4.Makk., Philon und hier *De Sampsone*), war hauptsächlich deren Ethik. Hier nun ist Gott das πῦρ τεχνικόν und die von ihm „verbrauchte" Materie sein weiblicher Gegenpart (3.6), eine vom echten Philon nur beiläufig gestreifte Vorstellung (*De spec. leg.* IV 187). Wenn endlich die Kreaturen als worthaft, als Äußerungen Gottes aufgefaßt werden (5), so läßt sich hinter diesem im Alten Testament noch kaum angedeuteten (Ps. 19) und bei den Kirchenvätern dann beliebt gewordenen Gedanken spekulativer Kosmologie unschwer der λόγος σπερματικός erkennen. – Eine Überschneidung mit Philon habe ich oben schon erwähnt. Vermutlich ist der Verfasser (das wäre die einfachste Hypothese) Leser Philons gewesen, ein zweiter Philon sozusagen. Schade, daß wir nur sechs Seiten von ihm haben.

Die Anregung zu dieser Arbeit, vielerlei Unterstützung während ihres Fortgangs und schließlich die Veröffentlichung im Rahmen der „Wissenschaftlichen Untersuchungen zum Neuen Testament" danke ich meinem Lehrer, Herrn Prof. Martin Hengel. – P. Gregoris Manian, Generalabt der Wiener Mechitharistenkongregation, hat in liebenswürdiger Weise nicht nur den *De-Jona*-Teil durchkorrigiert, sondern auch zu den übrigen Texten zahlreiche grammatische Fragen klären helfen und mir als Gastgeber während mehrerer Tage die Bücherschätze der Kongregation zugänglich gemacht. – Dankbar erwähnt sei auch eine Sachmittelbeihilfe der Deutschen Forschungsgemeinschaft.

Tübingen, im Oktober 1979
Evang. Stift   F. S.

(Ps.-)Philon:

Über Jona

(1) Von denen, die die Propheten lesen, bewundern manche das für *1*
die Menschen Nützliche; manche aber bestaunen ihre Voraussagen[1].
| Ich jedoch lobe auch die Lobenden; ich erkenne nämlich[2] in ihrem *2*
(Lob)[3] auch denjenigen, der vor allen geistbegabten Propheten zu loben
ist. Er übertrifft die vorzüglichsten (Menschen)[4] um so viel, wie die Zi-
ther der Zitherspieler, das Haus der Baumeister, das Schiff der Steuermann oder irgendein Werkzeug[5] derjenige, der das Geschick zu seiner
Bedienung verleiht.   Denn wie der Körper zu nichts nütze ist, wenn er *3*
keine Seele hat, die ihn bewegt, so auch der Handwerker, wenn er nicht
den Verstand empfängt, der ihn zu (seinem) Handwerk anregt.   Des- *4*
wegen glaube ich, daß die Gesetzgebung (Gottes) wie ein wohlgefügtes
Schiff ist: Über allem sitzt, hoch erhaben, der Steuermann und lenkt
diese Welt zum Wohle jedes Einzelnen auf gerader (Bahn); und für alles
Einzelne, was immer und wo immer es sei, trifft er die seinen Bedürfnissen entsprechende Vorsorge.

(2) Derjenige nun, der jede Stadt lenkt, sah von oben, daß Ninive zu *5*
(einer Stadt von) üblem Lebenswandel geworden war. – (Ninive) aber ist
der Ursprung[6] aller Städte (Gen. 10,11 LXX). – Und wie ein tüchtiger
Arzt suchte er ein passendes Heilmittel für das Leiden der Stadt. (Er
wollte) die Ausbreitung der Krankheit verhindern und der Gefahr durch
(seine) Hilfe zuvorkommen.   Das Heilmittel aber sah so aus, als wäre *6*
es der Heilung entgegengesetzt[7]: In der Absicht, (Ninive) zu retten und

---

[1] „Prophetien"
[2] *ew k'anzi* hier wohl für καὶ γάρ
[3] „bei ihnen"
[4] Lewys Konjektur (S. 45) nicht übernommen
[5] Hier wird der Vergleich schwierig und die Textüberlieferung vielfältig. Ich folge der
Lesart *gorci* (mit Aucher)
[6] *skizbn* = ἀρχή
[7] „war seinem Ruf nach der Heilung entgegengesetzt"

zu erhalten, schickte (Gott) einen Propheten, (durch den) er der Stadt
den Untergang androhte.

Wie ich glaube, hat er (damit) sogar die Heilkunst aufs beste gelehrt.

7 | (Denn) wie die darin Erfahrensten, die die Kranken zu heilen ver-
sprechen, (sie) mit Feuer und Wasser wiederherstellen, so legt der All-
weise und alleinige Retter durch die Ankündigung von Tod und Verderben den Grund zur gütigen Rettung.

8   (3) Zum Heil der (Niniviten) sucht er sich auch einen Mitarbeiter –
der Menschenfreund einen Menschen aus den Vielen, der einer der ihren
ist – und betrachtet ihn als seinen Gehilfen. Nicht als ob[8] (Gott) nicht
gewußt hätte, was kommen würde – denn *wer gab den Propheten Wissen?* (vgl. Dan. 2,21) –; vielmehr (wollte er) das Ende (der Rettung)

9 noch wunderbarer machen als den Anfang[9].   (So) vertraute er (ihm)
allein das Heil der Seelen an; und den Menschen, den er zur Rettung der
Menschen schickte, heilte er zuerst; er erzog (sich seinen) Arzt[10]. Denn
wie die (Bürger Ninives) an ihrem Lebenswandel krank lagen, so war
auch der Prophet schwach[11] an Gotteserkenntnis, wenn er glaubte, vor
dem unentrinnbaren Gott fliehen zu können.

10   (4) An ihn nun wendet sich der Herr, wie er von alters her zu tun
pflegte, und spricht ihn folgendermaßen an: „Siehst du dort, Prophet,
die Stadt Ninive? Alles, was zum Glück (ihrer) Bewohner dient, hat sie

11 von mir reichlich erhalten.   Siehst du die prächtige Ähre, das Land,
schöner bewachsen als jedes (andere) Land, die Milde und Lieblichkeit   58
der Luft[12], die sie umgibt, (wodurch) sie sich (hoher) Fruchtbarkeit er-
freut? Keine frostklirrende Luft[13], keine häufigen Regengüsse, keine
Sonne, die heißer wäre als natürlich, kann man (an ihr) aussetzen.

12 | Warum[14] aber verweigern (mir) die (Niniviten) den Dank, den[15] sie
mir schuldig wären? Nicht daß[16] ich vielen Lohn für so große Güter ver-
lange – (nur) Worte des Dankes! Aber sie sind dermaßen undankbar
geworden, daß sie's nicht nur am Dank fehlen lassen; sie wissen nicht

---

[8] mit Lewys Umstellung
[9] „das zweite... das erste" – at. Redensart (Ruth 3,10; Hag. 2,9; vgl. Sir. 41,3)
[10] „den Arzt (hier: Jona!) zurechtweisend." *zbžiškn* (weiteres) Wortspiel mit *bžškeac̕*
[11] mit Lewys Konjektur
[12] „(das) Milde und Liebliche der Luft"
[13] Die Konstruktion konnte ich nicht ganz aufklären. Auch Aucher scheint die variie-
renden Casusendungen zu ignorieren.
[14] „Was ist mir?" Vgl. *184 zi ē* („was ist?"). – *ibrew zi = certe, utique* (ASA I 843 b unten) konnte unübersetzt bleiben; die rhetorische Frage gibt genug Nachdruck.
[15] mit Lewys Konjektur (S. 49 Anm. 1)
[16] im Armen. rhetorische Frage

einmal mehr, wer ihr Wohltäter ist.   Wozu soll nun (noch) der Himmel   *13*
über ihnen hell werden, sollen die Wolken regnen, die Erde (ihren) Ertrag bringen, der Mond (sein) Licht scheinen lassen und die Sonne un-
dankbare Seelen mit ihren Strahlen bescheinen? Das alles haben sie,
glaube ich, durch den Empfang unnütz gemacht.   Mit Augen, die zur   *14*
Erkenntnis des Baumeisters der Welt ⟨gegeben sind⟩ [17], sehen sie nicht,
(und) ihre Ohren haben sie vor frommer Ermahnung[18] verschlossen.
(Ihre) Zunge hingegen blieb beweglich zur böswilligen Nennung (meiner) Gottheit (vgl. Ex. 20,7).

(5) Hätten sie (wenigstens) die Bosheit mir gegenüber durch Wohlta-   *15*
ten untereinander wettgemacht, wäre sie (ihnen) noch zu verzeihen.
Doch ist ihre Schuld[19] gegenüber den Menschen noch größer als die gegenüber Gott.   Wie das menschliche Leben[20] in (verschiedene) Le-   *16*
bensalter eingeteilt ist, (das der) Greise, (der) Männer und (der) Kinder,
so verteilen sich auf ihre Lebensalter ihre Sünden. Ihre Jugend jagt nach
den Freuden des Fleisches; die fähigsten ihrer erwachsenen[21] Männer
gebrauchen ihre Kräfte zur Räuberei, (und) die Frauen, die sich vor ih-
resgleichen durch Schönheit auszeichnen, schmücken sich wie mit
Schlingen (vgl. Pred. 7,26).   Doch was die Grauhaarigen tun, ist, damit   *17*
verglichen, nicht erträglicher. Weil das Alter ihnen (zwar) die Kräfte er-
schöpfte (und) die Anmut raubte, (aber) als Ersatz für das Verlorene
den Verstand[22] verlieh, nähren und pflegen sie ebendiesen zum Schaden. Sie bewaffnen sich zu gegenseitigem Übervorteilen.

Wenn sie nun weder mir gegenüber zu Dank bereit sind, noch sich un-   *18*
tereinander etwas gönnen, (sind sie selbst) den Elementen eine Last, von
denen ihr sinnloses Leben sich (bisher) nährte[23].   Was also (werde) ich   *19*
wollen, du Prophet? Verkündige dieser Stadt den Untergang, daß ein
qualvoller Tod über (sie) kommen wird. Sie sollen die Zwischenzeit
nicht in Freuden verleben, (nicht) in Hoffnung auf (irgendwelche) Zukunft."

(6) Als das der Prophet hörte, besann er sich auf seine Kunst – ich   *20*
meine die Prophetengabe – und sah die Stadt, wie sie selbst nach (seiner)

81

---

[17] Lewys Konjektur (S. 46)
[18] „vor Worten der Frömmigkeit". Vgl. Anm. 418
[19] „Anklage"
[20] „ihre (Lebens-)Zeit"
[21] *katareal* = τέλειος, was auch ‚erwachsen' heißen kann (LSJ unter τέλειος [I].2[a];
Eph. 4,13)
[22] *ban* = λόγος
[23] Versuch einer Übersetzung ohne Lewys Konjekturen (S. 46)

Predigt heil blieb. Und wie wenn er nicht der Diener des Herrn geworden wäre, sondern von sich selbst die Prophetengabe erhalten hätte, floh
er vor der Stadt, zu der zu gehen er beauftragt worden war.

21   Zu leichtsinnig war es jedoch, zu glauben, man könne vor dem Grün-
der des Universums fliehen. Aber der Lenker[24] des Alls ließ denjenigen,
der vor Gott zu fliehen glaubte, (erst noch) gewähren. (Denn er wollte)
sowohl den Propheten erziehen[25] als auch seine Macht sichtbar werden
lassen und der Stadt die Verkündigung (um so) gewisser machen. Die
Stadt, der der Untergang angesagt wurde, sollte (eben dadurch) aus der
Gefahr gerettet werden.

22   Weil es (dem Propheten) aber unmöglich war, sich vom Lenker des
Alls zu befreien, konnte er nicht (anders)[26], als sich dem Wissen um die
Zukunft durch die Flucht zu entziehen. Er hastet[27] ans offene, weite
Meer.

23   (7) Wie er nun in (seiner) Erregung am Meer hin und her lief, begegnete er dort einem Dreiruderer[28]. Er winkte den Seeleuten und rief:
„Wohin geht's, Matrosen? Wohin lenkt ihr das Schiff? – Damit ihr auch
24   mir einen Dienst erweist, holt mich hinauf!"   Sie nannten den (Be-
stimmungs-)Ort, erklärten sich einverstanden und zogen ihn hinauf aufs
Schiff – (und mit ihm) den Aufruhr des Meeres und (denjenigen), der
eine Gefahr für die Seeleute werden sollte. Denn als der Prophet, der
Bote an die Stadt, auf das Schiff gelangte, befand er sich wegen der Pro-
25   phetie in Wogen der Erregung.   (Einen) Stein nahmen sie an Bord (in
Gestalt dessen,) der die Verkündigung aufgenommen hatte[29], und die
Seefahrt unternahmen sie gegen sich selbst. Statt das Schiff über die Wo-
gen zu steuern, brausten die Wogen über sie[30] hinweg.

26   (Der Prophet) wollte, wie ich glaube, sich geschickt in Vergessenheit
bringen[31], (als) er den Rücken des Schiffes verließ und in seinem Bauch

---

[24] „Aufseher", ein im Deutschen übelklingendes Wort (ebenso in *22*). Vgl. Anm. 505.
515. 517. 567

[25] *yandimanem* = ἐλέγχω ‚ich überführe (eines Fehlers)'

[26] vielleicht Ellipse und nicht, wie Lewy (S. 49 Anm. 1) annimmt, Textausfall

[27] „wirft sich weg"

[28] *paterazmik naw* = τριήρης (ASA). An ein „Kriegsschiff" dürfte hier nicht gedacht
sein. *38* werden auch Kinder an Bord erwähnt: wie dort Kindergeschrei zum Topos
‚Schrecken' gehört, so hier ein schmückendes Beiwort (τριήρης) zu ‚Schiff'.

[29] *Sensu obscuro laborare videtur praesens locus* (Auchers Anm.) – m.E. nicht wegen
schlechter Textüberlieferung, sondern wegen mangelnder Kenntnis des Autors von der
Seefahrt (vgl. den ganzen Kontext). Er scheint nicht zu wissen, daß ein Stein im Kielraum
das Schiff nicht gefährdet, sondern stabilisiert.

[30] lies *noc'a* (mit den Hss.)   [31] oder vielleicht: „sich selbst vergessen"

untertauchte. (So) überläßt er sich (nun) dem Vergessen (seiner) Trübsal[32]. Als aber das Meer denjenigen nicht (mehr) sah[33], der auf ihm fuhr, bat es (den Schöpfer) und war in Angst; und die Elemente, tüchtiger als jeder Diener[34], brachten das Meer über den Propheten. Sie mißgönnten dem Flüchtling die Rettung, lag doch auch diesem nichts an (Gottes) Menschenliebe für die Niniviten.

(8) Nun ließ der Steuermann das Ruder los und die Seeleute ihre sonstigen Geräte, und sie breiteten die Hände aus zum Gebet. Doch auf ihr Gebet hin beruhigte sich der Sturm keineswegs und das Schiff kam nicht zur Ruhe, sondern das Getöse der Wogen wurde immer stärker, und die Winde bliesen zum Verderben der Seefahrenden noch kräftiger gegeneinander[35]. Fluten bedeckten das Schiff, und die Winde strengten sich an, vor dem Sinken des Schiffs (noch) die Passagiere wegzufegen[36].

Das war wohl kein Wunder, wo doch die Hitze des Sturms[37] sich *im* Schiff befand und der heiße Wirbelwind (persönlich) über das Meer stürmte[38]. – Warum also legte der Sturm sich nicht? (Wie) ein größerer Brand, wenn er einen Wald ergreift, wohl nicht zu löschen ist, ohne daß man Holz aus dem Wald fortschafft und (dadurch) das Feuer zum Verlöschen und Verschwinden (bringt) – so herrschte ein Hitzesturm, solange der Prophet da war. Sobald er fern war, (standen die) Zeichen (wieder) auf Frieden.

(9) Der Kapitän aber, der das Meer (zu) beobachten (hatte) und dem der Oberbefehl über das Schiff oblag, merkte, daß während all dieses Aufruhrs Einer schlief. Das Schnarchen aus der Nase verriet ihn nämlich...[39] Denn wenn der Mund geschlossen ist und die übrigen Sinnesorgane ausgeschaltet sind, dann wird, soviel ich weiß, der Atem, der durch die Nase geht, beengt; und so beengt, gibt der feine und enge Kanal, wenn er vom Luftstrom erfüllt wird, ein Geräusch[40]. So pflegt[41] es (ja) auch bei der Trompete zu gehen.

27

28

29

30

31

32

33

83

---

[32] „im Herzen" weggelassen
[33] „hatte" – lt. Lewy (S. 45) wurde εἶχε für εἶδε gelesen
[34] Lewys Konjektur (S. 46 Anm. 1) hieße: „die Diener des Mächtigen"
[35] „und das Blasen der Winde richteten (sic!) sich... noch kräftiger gegeneinander"
[36] mit Lewys Konjektur. Auch Aucher übersetzt ein verbum finitum
[37] ASA II 845 b (unter *tar*) wird unsere Stelle zitiert mit einer Glosse: *jmeraynoyn (aysink'n mrrki)* – also ‚Sturm'. [38] „erregt war"
[39] Die nächsten 4 Worte kann ich nicht übersetzen. ASA geben für *glanam* – unter Zitierung allein unserer Stelle – die Bedeutung (etwa): ‚stumm werden, stumpf werden' (so auch Malxaseanc'), was nicht paßt; Aucher (Mitverfasser des Wörterbuchs!) übersetzt ‚auf dem Rücken liegen', wohl wegen *glan* ‚Rolle, Zylinder'.
[40] *sowlē* ist unausgewiesene Variante Lewys gegenüber dem (allerdings gleichbedeutenden) *sowlē* bei Aucher. [41] „liebt"

34   Doch der Prophet schnarchte nicht so sehr aus natürlicher Ursache, als
vielmehr unter dem Zwang des Gerichts. Ihm stand das Bekanntwerden
35   seiner Sünde bevor[42].   An ihn nun trat der Kapitän heran und sagte:
„Mensch, du schläfst und kümmerst dich um nichts? Hat dich so tiefer
Schlummer gepackt, daß du nicht einmal vom Zusammenschlagen der
Wellen und vom Toben des Meeres aufwachst? Los, steh auf, schüttle
36   den Schlaf ab und bete zu deinem Gott!   Siehst du nicht, daß (wir), die
(wir) vor deinem Einstieg ins Schiff glücklich fuhren, seit deinem Hier-
sein in Not sind? Merkst du nicht, daß das Meer über die Luft hochsteigt
37   und der Sturm über dem Schiff zusammenschlägt?   Wie kannst du faul
sein, wenn alles sich abmüht? Wenn du unserer Arbeit fernzubleiben
versuchst[43] und durch die Mühe anderer erreichen willst[44], selber gerettet zu werden, gehen wir (alle) durch deine Gleichgültigkeit zugrunde!"
38   (10) Da stand der Prohet auf und kam[45] an Deck. Er sah das Sturm-
gewölk, das Toben der Wellen, die Gewalt der Winde, das Wehgeschrei   58
der Männer, das Weinen der Kinder. Nur wenig trennte sie noch vom
39   Tode[46].   Von oben, wie von einem Hochsitz aus ringsum blickend, sah
er das Ausmaß des Unglücks[47]. (Nun) kam ihm der Verdacht, daß durch
seine Sünden das Meer (so) wogte. Aber immer noch versuchte er, von
sich abzulenken[48] und sich zu verstecken. Er bezog die Strafe nicht auf
sich allein, sondern beruhigte sich mit dem Gedanken[49], sie gelte allen.
40 | So sind die Menschen, daß ihnen die Not leichter wird[50], wenn viele
zugleich zu gemeinschaftlicher (Abhilfe) Hand anlegen. (Das) schafft
Gleichheit, und die Not jedes einzelnen wird gelindert durch den Trost
am Pech der andern.
41   (11) Nun sahen die Lenker des Schiffes (ein), daß das Gebet durch

---

[42] „Er war zum Nachweis... gerufen"
[43] „glaubst" in Auchers Übersetzung ist ein Lapsus, hervorgerufen durch den Gleich-
klang von *p'owt'as* mit lat. *putas*
[44] im Armen. Wechsel in den Plural, eine in unserem Text häufige Floskel ohne eigenen
Sinn. Vgl. *84.89.98.122* usw.
[45] *ełeal* = γενόμενος ‚hingelangt' (LSJ unter γίγνομαι II.3.c). Auchers Konjektur ist
unnötig
[46] „mit wenig Zwischenraum lagen die Seelen aller in den Tod eingeschlossen einge-
sperrt".
[47] *č'areac'n* von Lewy (mit Recht) umgestellt.
[48] Lewys Konjektur (S. 48). *hamareal* in den Hss. ist von dem später noch folgenden
hamareal beeinflußt
[49] Lewys Konjektur. — *tesanem* kann auch heißen ‚ich (be)denke', so bereits in *41* wieder.
[50] Lewys Konjektur. — In seinem Text ist *mia-* (Z. 3) ans Ende von Z. 4 zu verrücken. —
Die reichlich geschraubte Konstruktion habe ich vereinfacht.

Sünden vereitelt wurde, und sie strengten eine Untersuchung an über die Taten jedes einzelnen. Nachdem[51] sie von (allen) anderen Rechenschaft über die Schulden (ihrer) Lebens(führung) gefordert hatten, kamen sie auch zum Propheten. Sie fragten nun ihn[52] nach seiner Gewissenserforschung[53]. „Wer bist du?" fragten sie, „von woher bist du zu uns gestoßen und mit welcher Absicht[54]? (Vgl. Jona 1,8.) Was ringst du im Geiste? Wie (hast) du (ge)lebt? Du bist klein von Statur und eine geringe[55] Last für das Schiff; aber wir sind in Furcht[56], du könntest (so) von Vergangenheit[57] belastet sein[58], (daß) du das Schiff zum Sinken bringst."

So sprach der Kapitän und mit ihm auch die übrigen. Der Prophet jedoch gab (nur) das an, was für ihn günstig war; und wenn er an das dachte[59], was ihm Schaden bringen (konnte), schwieg er. Er nannte sich *Diener des Herrn* (Jona 1,9); daß er aber den Auftrag des Herrn übertreten hatte, verschwieg er, (ebenso) die (ganze) Flucht.   Doch alles (geheime) menschliche Wissen brachte derjenige, der allein unhintergehbar ist, dem (Kapitän) zu untrüglicher Klarheit und stellte es (ihm) vor Augen. Denn aus der Panik der Schiffsbesatzung und aus der Befragung der Mannschaft entsteht Ratlosigkeit[60], aus Ratlosigkeit verfällt man aufs Los, und durchs Los wird verraten und ertappt[61], wen die Menschen nicht erkannt hatten.

So war es ja auch vollkommen angebracht! Wo Menschen richteten, konnte (der Prophet) durch Verheimlichen dem Richterspruch entgehen[62]; wo aber Gott oberster Richter war, konnte er nicht betrügen. So[63] wird Gott durch das Los frommer Männer zum Richter. Denn bei einer offenkundigen Sache (könnte bei einer Abstimmung) jeder da-

---

[51] Instrumentalis des Infinitivs mit temporalem Sinn (mit Aucher). Vgl. auch das Platon-Zitat ASA I 488 c, Z. 9/8 von unten

[52] die betonte Stellung dieses Worts ersetzt das Verbum *ekeal*. Alternativ wäre Lewys Konjektur (im App.)

[53] „Lebenserforschung". – Ohne Lewys Änderungsvorschlag (im App.)

[54] „was ist der Gedanke deines Herzens?"

[55] Lewys Konjektur (S. 46)

[56] Der Aorist vielleicht wegen griech. δεδοίχαμεν

[57] „Taten"

[58] Der Vorschlag bei ASA (unter *canrem*), *canreal* wie *canrec'owc'eal* ‚belastend' zu nehmen, liegt m. E. weniger nahe.

[59] ohne Lewys Konjektur (S. 47 Anm. 2)

[60] *xndir* = ζήτημα ‚(ungelöstes) Problem'. Katachrese

[61] „gebunden"

[62] „besiegen, überwinden"

[63] Statt des affektierten „Was blieb nun?"

hin[64] neigen, wohin er möchte, und (entsprechend) die Hand heben[65];
bei verborgenen Dingen jedoch, wo (man) kein freies Ermessen[66] hat,
zeigt (Gott den Schuldigen) durchs Verborgene.

47 **(12)** Als Gott nun den Mann verurteilt und durchs Los ausgeliefert
hatte, lieferten die (Seeleute) ihn ihrerseits aus in die Hände[67] des Richters, der ihn strafen[68] (sollte), wie die Schrift sagt: „*Was sollen wir dir*
48 *tun, daß das Meer uns in Ruhe läßt?* (Jona 1,11)   Denn du bist die Ursache dieses Sturms! Das Los überführt dich. Nun sind aber wir nicht be-
gierig, (guter) Mann, jemanden sterben zu sehen oder gar, wie manche
geborenen Rohlinge[69], (uns an) der grausamen Hinrichtung eines Menschen (zu weiden)[70]. Wir wollen nur das Unheil abwenden, das uns rings
49 umlauert.   Wenn es eine Möglichkeit gibt, wie wir und du an Land gelangen können, so daß das Schiff heil bleibt und auch wir geborgen werden – (solange) mißgönnen wir niemandem das Leben, der anderen keinen Schaden zufügt. Wenn aber, solange du am Leben bleibst, wir sterben müssen, muß uns die Rettung Vieler mehr wert sein als der Tod eines
50 Einzelnen[71].   Zeuge(n sind) der schwarze Himmel über uns und die
freundliche Erde (mit) ihrem (festen) Boden[72]; Zeuge ist das Meeres-
51 element, das diesen Sturm über (uns) brachte.   Bedenke doch die Not-
lage derer, die diesem Sturm ausgeliefert sind! Nicht[73] weil wir Räuber
oder Unmenschen wären, werfen wir einen[74] aus dem Schiff; wir gieren   58
auch nicht nach (deinem) Gepäck[75]. Doch ist uns, die wir aus fremder,

---

[64] entweder *or* ist acc. graecus des Neutrums, oder Lewys Konjektur (S. 46 Anm. 1)
trifft zu, daß ὅς statt ὡς gelesen wurde.
[65] Im Armen. steht für ‚neigen‘ und ‚heben‘ zweimal das gleiche Wort. Den Reiz dieses
semantischen Kunstgriffs (Lausberg § 660f.: *distinctio*) gibt Auchers Übersetzung glücklich wieder: *quia in manifestis unusquisque quo vult, movetur, movetque manum.* Damit
wird ein innerer Zusammenhang der beiden „Bewegungen" suggeriert, den ich hier nur
durch Einfügen von ‚entsprechend‘ andeuten kann.
[66] *iwr išxanowt'iwn* „Herrschaft seiner", vielleicht = τὸ αὐτεξούσιον
[67] Doppelte Synonymie (oder *distinctio*, s. Anm. 65): nicht nur die Verben sind die gleichen; statt ‚durch‘ steht im Armen. *i jeṙn* „in die Hand"
[68] Auchers und Lewys Emendation. Die von Aucher mitgeteilte Randglosse „des Urteils seines Gewissens" trifft nicht das Richtige.
[69] „manche, die von Natur wild sind"
[70] Das armen. Wort für ‚sehen‘ habe ich hier nochmals übersetzt.
[71] „muß" für den Konjunktiv. – Logischer wäre übrigens „als das Leben eines Einzelnen"; dazu vgl. Anm. 329.
[72] vgl. Dtn. 4,26; 30,19. – Mit Aucher (S. 585 Anm. 3) stört mich, daß *sora* (nicht *nora*)
steht, als wäre der Boden des Meeres gemeint; dazu vgl. Anm. 144.236
[73] *miangam* verstärkend; hier durch Voranstellung des ‚nicht‘ ersetzt
[74] „diesen (hier)" – wohl zur Vermeidung des allzu direkten ‚dich‘
[75] „und wir sind nicht durstig gegen die Fracht"

feindlicher Hand[76] (schon öfters) lebendig[77] entkommen sind, der elende Tod hier auf dem Schiff keine unabweisbare Bürde des Schicksals[78].

Du sonderbarer (Mensch), unser Schiff trägt dich nicht! Such dir irgendein anderes[79]! Hoffentlich wirst du (irgendwie) gerettet, wenn du dieses Schiff verlassen hast! Mit Geschick kannst du auf ein anderes Schiff kommen, dem du begegnest[80]; uns jedenfalls bist du nicht gelegen gekommen. Möge ein Engel der Unterwelt oder vielleicht sogar ein stummes Seeungeheuer deine Seele anvertraut bekommen! (So) wird weder dir die Bestrafung unseres Schiffes noch uns die Verurteilung deiner Seele zum Verhängnis werden." | *52* | *53* |

(13) Sie verlangten von ihm eine Antwort. Da nun der Menschenfreund, der Jünger Gottes[81], das (Über)leben nicht zugleich mit der Rettung der anderen erreichen (konnte), schenkte er es ihnen im Selbstopfer[82]. Zu ihnen, die um (ihr) Leben baten[83] und aus dem menschenfreundlichen Mund ein menschenfreundliches Wort zu hören erhofften, sprach er: | *54* | *55* |

„Ihr habt mich zum Richter über euer Leben eingesetzt. Darum soll euer Interesse durch mein Urteil nicht geschmälert werden. Denn selbst wenn ich (derzeit) den Richter spiele[84], ist meine Lage doch die des Angeklagten[85]. Hättet ihr mir nicht das Urteil überlassen, (hätte) ich ohne weiteres aus dem Unheil Anderer Nutzen zu ziehen versucht[86]. | *56* | *57* |

---

[76] lt. Aucher eine Anspielung an Seeräuber – eine (vielleicht aus dem Augenblick geborene) Erweiterung der Geschichte um des Arguments willen: ‚Soll es umsonst gewesen sein, daß wir bisher heil durchgekommen sind?'

[77] ohne Lewys Konjektur; mit Aucher setze ich hinter *keal* ein Komma. – Auch die Emendation von *i yōtar* zu *yōtar* ist unnötig: vgl. *78 i yaṙak; 81 zaṙ i yis; 82 aṙ i yartakʻowst* und Karst § 155.

[78] unübersetzt blieb, daß ‚Gepäck' (im vorigen Satz) und ‚Bürde', ‚nach' („wider") und ‚feindlich' im Armenischen jeweils die gleichen Wörter sind – eine kunstvolle Verklammerung der beiden Sätze, die sicher dem griech. Original nachgebildet ist

[79] „Wechsle auf welches du willst!"

[80] „Und geschickt wirst du in einem anderen Schiff sein, in das du läufst." Die Etymologie von *barehaw* (ein Wort der Hellenophilen Schule) siehe Manandean S. 129 Nr. 13

[81] Lewy emendiert: „der Jünger des menschenliebenden Gottes". Im nächsten Satz ist aber doch Jona der „Menschenfreund". So heißt er im Hinblick auf seinen Auftrag und nicht auf die Art, wie er ihn bisher ausgeführt hatte. Vgl. Anm. 479

[82] „aus seinem Ende", wie auch vorher: „aus der Rettung der anderen"

[83] pleonastisches „benötigend" weggelassen

[84] „die Gestalt/Kleidung des Richters habe"

[85] „bin mit der Notwendigkeit des Angeklagten bekleidet" – antike Kleidermetaphorik, in heutigem Deutsch kaum mehr wiederzugeben

[86] Lewys Änderung in „können" halte ich hier wie auch in der Parallelstelle *65* nicht für nötig; vgl. *37* „versuchst"

Weil ihr nun aber mitten in der Gefahr[87] es (eurem) Feind anvertraut habt[88], Gerechtigkeit zu üben, werde ich[89] mich bis zum letzten Atemzug eures Vertrauens für würdig erweisen[90]."

58   **(14)** Was zögerst du noch[91], Prophet? Was jagst du der (vergeblichen) Rettung nach? Wähle den Tod, und (als) Gefangener wirst du die Falle (be)zwingen! Das Leben konntest du nicht gewinnen; errichte jetzt   58 wenigstens sterbend ein Denkmal der Menschlichkeit auf dem Schiff und erweise (dich) als gottesfürchtiger Prophet, wenn du schon von der Mis-
59   sion eines gottesfürchtigen Propheten[92] desertiert bist[93]! –   So sprach er (zu sich selbst), während sie auf hoher See waren, und stürzte[94] sich in das wütende Meer.

60   **(15)** Eine erbarmungswürdige Strafe war es, ihr frommen Zuhörer[95], daß ein Mensch, der den Anfang zu seiner Rettung machen (wollte), mitten in seiner Zwangslage gepackt und, vom Los, von Gott und von den Menschen in die Enge getrieben, Vollstrecker seines eigenen Todes(urteils) wurde. Aus Sorge um das Überleben anderer gab er schließlich[96] seine eigene Rettung auf.

61   An dieser Stelle gebührt der Güte des Herrn (unsere) Bewunderung. Er hat den Propheten, der durch seine Flucht vor der (aufgetragenen) Verkündigung Strafe verdient hatte, durch[97] den Tod, der (alle) ringsumher einschloß, um ihn abzusondern[98], (gezwungen)[99], denjenigen[100], die nach freiem[101] Ermessen Gericht hielten, (seine) Sünden[102] einzuge-

---

[87] das Wort hat Auchers Übersetzung übersehen
[88] mit Lewys Korrektur und Auchers Übersetzung
[89] die Einfügung eines betonenden *es* ‚ich' (Lewy) wäre m. E. nicht notwendig
[90] „das Vertrauen der Geber (sc. des Vertrauens) bewahren"
[91] im Armen. *repetitio:* „Nun was, o Prophet, was zögerst du?"
[92] „von der frommen Prophetie"
[93] Lewys Emendation   [94] „gab"
[95] „Männer" (ὦ ἄνδρες) – nach antikem Verständnis sind Frauen aber nicht ausgeschlossen. *103.111.119* ist die ganze Bevölkerung Ninives mit dieser Anrede gemeint.
[96] statt des verbalen „zum Sorgenden *geworden*"
[97] „da der Tod..."
[98] „zum Absondern seiner". – Aucher, der Partizip statt Infinitiv las, konnte diese Stelle nicht übersetzen.
[99] Solange man Lewys Satztrennung folgt, muß man Ellipse eines Verbums annehmen (vgl. Anm. 145.157.166.176.179.231.474.537.573.671.734; Lausberg § 690). Aucher, der *61* und *62* als einen Satz auffaßt, kann sich auch nur mit der Verwandlung eines Infinitivs *(ołormel)* in ein verbum finitum *(misertus est)* behelfen – oder hat er *ołormel* als (mittelarmenische) Partizipalform (Karst § 79 c) genommen?
[100] *soc'a* (Dativ) ist *vor* den Relativsatz zu denken
[101] Lewy tilgt eine falsche Endung, so daß *kamawor* auf *barowk'* (Instrumentalis) beziehbar wird. Sonst müßte man übersetzen: „die freiwillig mit Sprüchen richteten".
[102] Dieses Substantiv wurde von dem Pronomen *zaynosik* (das Aucher als Dativ mißzu-

stehen. Der menschenliebende (Gott) wollte sich nicht nur des Er- 62
bärmlichen erbarmen, sondern (ihn) für künftig zu seinem Diener[103] be-
fähigen. (Darum) tat er Gutes an ihm, wenn er ihn zuvor in ausweglose
Gefahr einschloß. Aus dieser heilsamen Tat sollte er Gottes Menschenliebe (kennen)lernen und den Niniviten nicht länger die (Menschenliebe) neiden, durch die[104] er selbst gerettet worden war.

(16) Als (Gott) nun beide Krankheiten behandelt hatte – (als er) den 63
Menschen (Jona) gelehrt hatte, Gott nicht für unwissend zu halten und
sich (zweitens seiner) Liebe zu den Menschen nicht zu widersetzen, (da)
umschloß er ihn mit einem (neuen) Schiff (in Gestalt) eines vorbei-
schwimmenden Seeungeheuers[105]. Er (freilich) hielt es für eine tödliche
Bestie; doch war es die Rettung[106], (ja) der Garant der (weiteren) Rettung. Den schwimmenden Propheten sog[107] das Untier mit der Atemluft
ein; es trug (ihn) lebendig in seinem Innern (wie) im Mutterleib. Der 64
Bauch des Ungeheuers war ein Haus für den untergetauchten Propheten, die Augen ein Spiegel dessen, was sich (von) außen zeigte, und der
Schlag (seiner) Flossen wie (der Antrieb) eine(r) Königskarosse.

(17) Du leistest es dir (also), Prophet, mit dieser Wagenschnellig- 65
keit[108] voranzukommen, mit der das Untier auf dich zuschoß und dich
umschloß? Welchem Herrscher hat man (jemals) zugetraut[109], so tief in
den Abgrund der Welt geblickt zu haben, wie dir das Unsichtbare sichtbar geworden ist? Welchem Sterblichen[110] wurden jemals die Gren- 66
zen der Erde so anschaulich wie dir und die Tiefen des Meeres (als)
Schauspiel gezeigt? Welcher Techniker hat jemals eine so geschickte,
vollkommene Maschine konstruiert, (in der man,) wie du (jetzt), alles
mitansehen kann, selbst aber von niemandem erspäht wird[111]?

---

verstehen scheint) vorweggenommen (hier nicht übersetzt). Zweck dieser reichlich affektierten Konstruktion dürfte sein, die Schlüsselworte *xostovanel zmels* „die Sünden zu ge-
stehen" ans Ende zu rücken.

[103] Lewys Änderung. – Etwas später streicht Lewy auch ein überflüssiges *ew*.

[104] „welche empfangen habend"; ebenso blieb vorher *kc'ord linel* „teilhaftig zu werden" unübersetzt

[105] *ketos* = κῆτος. Im Deutschen gibt es kein spezifisches Wort; ich übersetze, auch um
der Abwechslung willen, mit verschiedenen Umschreibungen.

[106] Lewys Konjektur

[107] ohne Lewys Konjektur: sie ist nicht notwendig und würde außerdem weiter unten im
Satz *ketosin* statt *ketosn* erforderlich machen.

[108] Das von Lewy hineinkorrigierte Wort kann ich in den Lexika nicht finden.

[109] „Von welchem Herrscher hat man geglaubt". Lewys Konjektur ist unnötig.

[110] „Welchem von den Menschen"

[111] „und du Betrachter jemandem nicht gesehen wirst". – Zur Vorstellung, Jona könne
durch die Augen des Tieres nach außen sehen, vgl. *81.163 f.*

67   **(18)** Weil nun der Prophet dem Anschein nach im Bauch des Ungeheuers Schutz fand, tatsächlich aber von der Hand Gottes behütet wurde, betete er in dem Tier, wie wir (aus der Bibel) gehört haben[112]. Er be-
68 nützte den Mund der Bestie zu (seinem) Gebet.   So war ein ganz neues
Wunder zu sehen, daß ein Meeresungeheuer Fürsprecher wurde für das
Heil des Propheten. Es öffnete den Mund, um das Gebet emporsteigen
zu lassen. Seine Zunge ließ es zur Artikulation von Worten gebrauchen.
Der Prophet bediente sie, wie ein Musiker (sein) Instrument mit dem
Finger zupft.

69   **(19)** Sein Bittgebet aber war folgendes: „Wenn es deine Absicht war,
mich eine umfassende[113] Strafe erfahren zu lassen, so sehe ich (klar),
(daß) das Maß meiner Sünden eine noch schwerere Züchtigung verdient
70 (hätte)[114].   Weil du mir aber (nur) so weit die Sünden vergelten wolltest[115], bis (ich) lernte und von dir den Anstoß zur Menschenliebe emp-
finge – denn ich sollte nicht, weggeworfen und fern von deinen Augen,
aus aller Augen verschwinden, und mein Mund sollte nicht, gegen dich   58
verschlossen, gegen Alle verschlossen bleiben –, deshalb blicke ich mit
den Augen des Herzens[116] auf dich und rege meine Zunge[117], über die
71 du mir ja Freiheit gelassen hast, um für mich zu bitten.   Du erhörst ja
die Sünder!

Wenn es erlaubt wird, den König zu sehen, und wenn die Geschenke
der Bittsteller angenommen werden[118], ist das für sie das erste (Zeichen)
der Gnade. Mir aber hast du nicht nur eine Möglichkeit zu sprechen gegeben, sondern auch (die Gelegenheit)[119], mich um meines Seelenheils
72 willen zu rechtfertigen.   Wenn du das Todesurteil an mir vollziehen

---

[112] „gesagt haben". Diese Stelle, wenn man sie nicht (wie Aucher) ändern will, dürfte
sich auf vorheriges Verlesen des Bibeltextes beziehen (vgl. Anm. 404), oder auf gemeinsame Rezitation des Jona-Psalms.

[113] „große" (oder: „größere")

[114] Das ist der Sinn auch ohne die von Lewy (S. 49 Anm. 1) vorgeschlagene Einfügung.

[115] oder (?): „wolltest, daß ich die Sünde so weit bringe" (wörtlich: „aufrichte"). Was
die Wendung *kac'owc'anel zmełsn* heißen soll, ist weder ASA noch der armen. Bibelkon-
kordanz sicher zu entnehmen. Jes. 59,12 und Jer. 14,7 steht *mełk' mer hakaŕak kac'in mez*
für αἱ ἁμαρτίαι ἡμῶν ἀντέστησαν ἡμῖν („belasten uns"). – Rätselhaft ist mir, wie Aucher
zmełsn mit *peccatorem* übersetzen kann. Rechnet er mit einer Metonymie (‚Sünden' für
‚Sünder')? Dem steht der Dativ *inj* (von ihm mit Akkusativ *me* übersetzt) entgegen.

[116] „des ganzen Herzens", ungeschickter Pleonasmus

[117] Dem Redner ist die Formel von der „Freiheit der Zunge" so geläufig, daß er sie auch
hier einsetzt, wo, seiner Darstellung nach, doch die Tierzunge spricht.

[118] gegen Aucher: *ałersakanac'* ist Genitiv!

[119] *coram te facere permittis* bei Aucher sollte gleichfalls in Klammern stehen. (Aucher
macht seine Einfügungen oft nicht kenntlich.)

wolltest – was[120] ist stärker als die wilden Tiere hier (unten)? Oder (wenn du mich) in ein Grab legen (wolltest) – was ist tiefer als der Grund[121] des Meeres? Wenn die ganze Erde herunterbräche, (könnte) sie (darin) begraben werden.

(20) Ich habe jedenfalls selber mein Heil verwirkt. Doch wenn der 73
Richter human[122] ist, begnügt[123] er sich mit einer helfenden Strafe statt einer quälenden[124]; darin erweist er seine große Menschenliebe. Doch hast du mich wenigstens nicht ganz ohne Strafe begnadigt. Du hast mich in all dies[125] hineingeraten lassen und hast mir verziehen wie einer, der Macht hat (auch über eine solche Situation).

Erst sah ich das Meer über mir wogen und das Schiff meinetwegen am 74
Untergehen. Dann (erlebte ich) den Richterspruch derer, die mit mir im Schiff waren und über mein Wohl und Wehe[126] entschieden, dann die Verurteilung (durch) das Los und[127] das Wegwerfen meines Körpers, wie (man) ein unbrauchbares Gefäß (wegwirft), danach das Heranstürmen dieser schreckenerregenden Bestie, die schon bevor sie (einen) verschlingt, allein durch Furcht töten könnte.

90 Während das (alles) mehr oder weniger[128] Strafen aus dem Se- 75
hen(müssen) derartiger Dinge[129] (sind), ist die Situation des Einge-schlossenseins[130] allen Menschen unsichtbar; keinen anderen Zeugen gibt es als den, der sie erleidet.   Denn wer sieht jemanden, der im Inne-ren eines Seeungeheuers verschwunden ist? Wer kümmert sich um ei- 76
nen, den er gar nicht sieht? Oder auch: wer greift von oben ein, streckt (seinen) Arm[131] in das Maul der Bestie und zieht den heraus, den sie ver-schlungen hat?

(21) Ich aber[132], der ich von der Erde ans Meer floh, vom Meer aufs 77
Schiff und vom Schiff in den Bauch des Ungeheuers, (ich) wurde abge-

---

[120] mit Lewys Konjektur, die auch durch das parallele, mit *zinč̣* beginnende Satzglied gestützt wird.

[121] lies *zownj* (Druckfehler bei Lewy)

[122] Schlüsselwort von hier ab bis zum Schluß: *mardasēr* = φιλάνθρωπος

[123] auch ohne Lewys Konjektur

[124] *anc̣ḳ* steht nach ASA auch für πάθος, passio.

[125] „in dieses viele". – Lewys Korrekturvorschlag (im App.) „in viele Not" klingt glat-ter, nimmt aber dem Rest des Satzes die Pointe.

[126] „über meine Rettung"

[127] plenoastisches *jgeal* „geworfen" unübersetzt

[128] „vielleicht"

[129] „aus denselben den Gesehenen"

[130] „die Nähe der Enge" (mit Lewys Korrektur)

[131] „die Rechte". (Bei Lewy lies *zajn*, Druckfehler.) Den Satz habe ich umkonstruiert.

[132] *ḳanzi* = γάρ, hier zur Einführung der bezweckten Hauptaussage. Vgl. Anm. 547

78   fangen[133] und schon vor der Flucht als Flüchtling erkannt[134]. (Weit
      davon entfernt)[135], vor Sternen zu fliehen, bin ich nicht (einmal) in der
      Lage, mich (selbst) zu ernähren oder (selbständig) den Ort zu wechseln.
      Wie ich hier in der Enge sitze, ist meine Not (bereits) zum Sprichwort
      und meine Prophetenstrafe zum Exempel[136] geworden.

79   Ist das etwa kein Exempel[137], was man hier (an mir)[138] sieht? Ich
      stecke in einem Bauch, der mich wie eine Röhre[139] umschließt, bin um-
      geben von einer kupfernen Decke und stählernen Wänden und erkunde

80   alle Welt, ohne (etwas) zu berühren.   Das Leben dieses Seetiers ist
      meines geworden[140]. Bereit zu[141] meiner Ernährung, läßt mich die Be-
      stie von ihrer eigenen Masse zehren. Seht an: durch ihren Mund lasse ich
      Gebete aufsteigen, mit ihren Augen sehe ich und mit ihren Flossen fahre
      ich. Das Eingeschlossensein in den Tier tut mir nicht so weh, wie es mich

81   (vielmehr) fröhlich, (ja) lustig macht!   Ich sehe die Welt wie im Spiegel.
      Und die mir (erwiesene) Gnade sehe ich deutlicher[142] als in einem Spie-
      gel.

82   (22) Du wolltest mich allein durch Furcht erziehen. Darum hast du
      mich in eine Art Gefängnis[143] gesteckt, mir jedoch das Gesicht des Tie-
      res zum Hinaussehen geöffnet. Denn dieses[144] (Tier wäre)[145] eine Fol-
      termaschine für[146] diejenigen, denen die Schwermut im Dunkeln Alp-

---

[133] mit Lewys Rückübersetzung der armen. Wortgruppe mit κατηργημένος (S. 47
Anm. 2 so zu lesen) „lahmgelegt"
[134] „gezeigt"; gemeint ist aber doch wohl Gottes Vorauswissen und nicht erst der Pro-
zeß auf dem Schiff. – Die Person des Verbums ist mit Lewy geändert. Das von ihm S. 47
behauptete Mißverständnis dürfte dagegen auf seiner Seite liegen.
[135] Im Armen. nur eine schlichte Verneinung. – Ich würde übrigens erwarten: „zu den
Sternen zu fliehen". Der ganze Satz ist etwas rätselhaft, und Auchers *exitum* eine Fehlübersetzung von *pačarank'* „Lebensunterhalt".
[136] Der Formgeschichtler möge hinter den hier frei wiedergegebenen Ausdrücken *aṙak*
und *aṙaspel* nicht Bestimmteres vermuten als hinter den griechischen Äquivalenten παραβολή und μῦθος (ASA).
[137] *aṙak ew aṙaspel* als Hendiadyoin übersetzt
[138] *quod passus sum* (Aucher) ebenfalls in Klammer zu setzen
[139] ASA schreibt das Wort *jełownac'eloy* (von *jeławnanam* „ich werde eine Umhül-
lung") und gibt – wie übrigens oft – nur unsere Stelle als Beleg.
[140] „hat auf mich übergewechselt"
[141] „(vor)sehend für"
[142] Die Hss. lesen „wirkungsvoller". Entweder Katachrese oder Lesefehler: ἐνεργέστε-
ρον für ursprüngliches ἐναργέστερον (Lewy S. 45)
[143] „in einen sicheren Ort"
[144] Ich würde *sa* statt *na* erwarten. Vgl. Anm. 72
[145] Lewy stellt zwei Wörter um, so daß aus der von Aucher (S. 590 Anm. 1) vermuteten
Ellipse des Verbums nur mehr eine Ellipse der Kopula wird.
[146] „eine starke Maschine auf"

591 träume erzeugt. Wegen zweierlei werde ich dir Dank schulden: daß ich 83
(mich)[147] vor den Zähnen des Ungeheuers, das mich trägt, retten (kann),
und daß ich allen Gefahren durch (sonstiges) wilde Getier enthoben bin.

Achte nun auf die doppelte Bitte, die Stimme (aus) unser beider 84
Sprechwerkzeugen, die das Flehen für uns (beide) emporsendet! Laß
(sowohl) mich freikommen aus dem finsteren Gefängnis, als auch das
Tier in Freiheit weiden! Denn es wird mich nicht (auf Dauer) ernähren
können, da es ja gerade meinetwegen[148] an der Nahrungsaufnahme ge-
hindert ist.

(23) Ich weiß, daß ich meine Pflicht mißachtet und die allerschwer- 85
sten Büßerstrafen auf mich gezogen[149] habe. Aber durch (deine) Züchtigung bin ich (bereits) bescheiden geworden.   Ich habe gelernt, nicht 86
zu fliehen vor dem Auge, das alles sieht und mit seinem Blick alles erfaßt,
(und) göttliche Worte nicht in den Wind zu schlagen.

Weil ich nun aber überzeugt bin, möchte ich (auch) in der Heiligen
Schrift zum Denkzeichen[150] deiner Macht werden für diejenigen, die
(die Geschichte) des[151] davongelaufenen Propheten lesen werden,
den[152] dieses Seetier als Fahrzeug (und) als Erziehungsanstalt aufnahm.
| Deine rettende Hand, (deine) schnelle Antwort[153] an die Sünder, 87
(dein) Asyl für die Flüchtigen und (deine) Freundlichkeit zu denen, die
es nötig haben (werden, diese Geschichte) zu lesen[154], sollen den Menschen zu Ohren kommen!   So viel Strafen[155] es bei dir (auch) gibt, 88
deine Liebeserweise holen (sie) ein. Du strafst den Sünder mit richterli-
chem Zorn; du tröstest ihn mit königlicher Milde.

(24) Wer von uns, der begriffen hat, daß man vor Gott nicht fliehen 89
(kann), wird (noch) an Flucht denken? Wer wird, nachdem ich[156] von einem Seeungeheuer zur Strafe verschlungen, (dabei) jedoch unversehrt
592 dem Wüten der Bestien entrissen wurde, ⟨nicht⟩[157] glauben, daß (Gott)

---

147 Ich würde Medium statt Aktiv des Verbums erwarten. – Aucher liest 3. Sg. Konjunktiv Medium, übersetzt aber 2. Sg. Indikativ Aktiv.
148 „unseretwegen". Vgl. Anm. 44
149 „bewegt" (d. h. provoziert) – s. Bedrossian unter *šaržem*
150 mit Lewys Konjektur, die weniger einschneidend ist als die Auchers (S. 591
Anm. 3)
151 Der Genitiv ist im Armen. ebenso zweideutig.
152 Lewys Korrektur ist nicht unbedingt nötig; vgl. Anm. 348
153 „Mund"
154 ohne Lewys S. 46 Anm. 1 geäußerte Vermutung
155 Lewys Korrektur
156 „wir". Vgl. Anm. 44
157 von Lewy eingefügt. Aucher muß Ellipse eines Verbums annehmen.

überall[158] und für alle sichtbar durch ein Meerestier, ⟨dessen⟩[159] Wildheit er zähmt, abgeschlossen von der Luft einen Menschen am Leben erhal-
90   ten kann?   Versorgt[160] er doch auch in der Erde die Bodentiere mit (Luft)[161] und im Wasser die Meerestiere, und gibt[162] aus den Winden allen Atemorganen die Luft, die sie benötigen.

91   **(25)** Bereits aus den frühesten Jahrhunderten ist deine Güte gegenüber Noah bekannt. Als die ganze Welt im Wasser aufgelöst wurde und du alles, was auf ihr lebte, begrubst, hast du, um nicht vom Wunder (deiner eigenen) Geschicklichkeit geschlagen zu werden, gleichfalls[163] mitten in den Fluten einen Menschen unversehrt erhalten. Du hast ihm als Fahrzeug die Arche geschenkt und hast als Steuermann die Vorsehung auf (den Posten) gestellt und so mit dem jetzigen[164] zweiten Geschlecht, das (damals) gerettet wurde, den Anfang gemacht.

92   Die Willkür(strafe) des Feuer(ofens) ist ein Erinnerungszeichen an die Patriarchen des zweiten (Geschlechts). Sie bezwangen die babyloni-
93   schen Tyrannen durch Übungen der Frömmigkeit[165]. —   Wer nun an den König der gegenwärtigen Generation (denkt)[166], der mit neuen Wundern die alten überbietet, der wird den Vorkommnissen noch mehr Glauben schenken, wenn ihm dieses gegenwärtige Wunder begegnet[167].

94 | Ein Mensch, der vom Licht überwältigt ist, wird nicht mehr fragen, wie in weltweiten Stürmen[168] ein Gerechter unberührt und unerschüttert bleiben (kann)[169], wie den Hebräern das Meer sich zum Durchzug[170]

---

[158] ohne Lewys Konjektur hieße es „überhaupt"
[159] von Lewy eingefügt
[160] von Lewy emendiert. Auchers Konjekturen wären gravierender.
[161] „mit ihr"
[162] Lewys Emendation
[163] Das *ew,* das Lewy verstellt hat, habe ich zurückgestellt.
[164] „diesem" (Demonstrativsuffix der 1. Person)
[165] „durch Frömmigkeiten". Den Plural bräuchte man wohl nicht (wie Lewy im App.) anzuzweifeln. – Biblischer Bezug wären die drei Männer im Feuerofen (Dan. 3), auf die jedoch die Bezeichnung ‚Patriarchen' (*nahapet* = πατριάρχης, ASA) schlecht paßt. Es gibt aber auch eine derartige Legende von Abraham: siehe G. Kisch (Hg.), Pseudo-Philo's *Liber Antiquitatum Biblicarum,* Notre Dame (Indiana) 1949, c. 6,15–17.
[166] Ellipse des Verbums (vgl. Anm. 99); *memorando* bei Aucher sollte in Klammern stehen. – Der „König" ist m. E. Gott und nicht, wie bei Aucher, der König von Ninive.
[167] „wenn sie (‚wer' als Plural)... beschenkt werden" – so mit allen Konjekturen Lewys, auch den im Apparat vorgeschlagenen. Ohne letztere hieße der Anfang des Satzes etwa: „Und die gegenwärtige (*or* pleonastisch) Generation, wenn sie an den König (denkt), ..." Auchers lateinischer Text ist eine freie Nachempfindung.
[168] *jmerayni* Substantiv
[169] Lewy (App. und S. 46 Anm. 1) würde lieber lesen „blieb", was m. E. einen schlechteren Sinn ergibt, denn Jona ist kein ‚Gerechter'.
[170] lies *owłegnac'owt'ean* (Druckfehler bei Lewy)

teilte und wie gerechte Männer mit wilden Tieren ihr Spiel treiben
(konnten) (vgl. Dan. 6). Als Zeugen für (all) dies (braucht man nur)   95
mich anzusehen: Ich, der ich aus dem Schlaf zum Wahrzeichen der Wiedergeburt herausgeholt wurde, werde (jedem) ein Bürge sein für sein eigenes Leben. Man wird das Sinnbild der Wahrheit verstehen und, auch
wenn man nur einen Teil sieht, in allem an dich glauben[171].

Denn wer die Eingeweide eines wilden Tieres öffnen kann, um ein at-   96
mendes Lebewesen[172] unverletzt zu retten, wie wird der (einen Lebens-
hauch)[173], der aus Erde geschaffen[174] und der Erde wiederum in Ver-
wahrung gegeben wurde, nach seiner Trennung vom Leibe nicht unversehrt erhalten (können)[175]?

Durch mich wird es (auch) glaubhaft werden, daß beim rätselhaften   97
Vorgang der Geburt[176] nicht durch irgendjemandes Hinzutreten oder
durch die Wirkung der Luft[177] (das Kind) lebendig wird[178], sondern daß
(es) durch deine heilige Hand von innen her beatmet und zugleich ge-
stärkt wird. Nichts hindert[179] deine Macht von innen! Mein[180] wun-   98
derbares Getragenwerden im Leib des Meerestieres wird ein Beweis[181]
dafür sein, wie es sich mit der natürlichen Schwangerschaft[182] verhält."

---

[171] mit Lewys Korrekturen. Die S. 45 von ihm zusätzlich geäußerte Vermutung leuchtet
mir nicht ein.

[172] „einen lebenden Atem" (Synekdoche)

[173] „jenen"

[174] Wie stimmt das zu Gen. 2,7? Vielleicht ist „Atem" Synekdoche für den ganzen Menschen; dazu stimmt aber der Rest des Satzes nicht mehr.

[175] So nach Auchers Zeichensetzung. Lewys Interpunktion ist syntaktisch glatter,
würde aber ergeben: „Denn wer die Eingeweide... öffnen kann, um einen lebenden Atem
unverletzt zu retten, den er vom Leib getrennt („abgerufen") hat..." – als ob Jonas Seele
bereits in dem Meerestier vom Körper getrennt gewesen wäre. – Übrigens ist das sicher
k e i n *de resurrectione carnis locus* (wie Auchers Anm. zu S. 593 meint)

[176] „die rätselhafte Geburt von Kindern" (Akkusativ – als Objekt eines nicht vorhandenen Verbums; vgl. Anm. 99)

[177] „durch Hindernisse von luftiger Art"

[178] „geheilt wird"

[179] Endung von Lewy ergänzt; andernfalls stünde Infinitiv statt verbum finitum oder
fehlte ein übergeordnetes Verbum

[180] „Unser". Vgl. Anm. 44

[181] *vkayowt'iwn* = μαρτύριον; hier im spezifischen Sinn eines Belegs für eine Symbol-
beziehung (Allegorie) in der biblischen Geschichte oder in der Natur. Bei W. Bauer unter
μαρτύριον 1.a finden sich einige Belege; für die Natur-Analogie vgl noch NH II 5 122,4 ff.
(A. Böhlig/P. Labib: Die koptisch-gnostische Schrift ohne Titel aus Codex II von Nag
Hammadi, Dt. Akad. d. Wiss. zu Berlin, Institut für Orientforschung, Veröff. 58), Berlin
1962, S. 94 ff., wo das koptische *mntre* = μαρτύριον mehrfach in dieser Bedeutung auftritt.

[182] „Geburtswehen" (Katachrese)

99   **(26)** Nachdem er ŝo[183] gebetet hatte, gewährte[184] (ihm) Gott (seine) Bitte. Das Untier (konnte nun wieder) vergessen werden; (denn)[185] es erhielt den Befehl, Jona an Land zu speien.

Als (Jona) nach einer Art Wiedergeburt die Welt erblickt und Gott gedankt hatte, nahm er seinen früheren Verkündigungs(auftrag) wieder

100   in Angriff.   Wie ein Wildpferd, so kommt mir's vor, nach heftigem Anstacheln dahinstürmt[186], kaum daß[187] es widerwillig das Geschirr erhalten hat, so war (nun) auch der Prophet durch weites Umherreisen fügsam und geduldig geworden: Nachdem er eingesehen hatte, daß er es mit

101   dem Herrn zu tun hatte, vor dem man nicht fliehen kann,   beeilte er sich nicht nur, sondern wurde geradezu[188] eine Verkörperung der Verkündigung selbst. Eine Strecke von drei Tagemärschen erledigte er auf einmal, um nur seinen Teil an Gottes Wort[189] mitzutun, (nämlich) den Bürgern Ninives zu predigen, und um nicht die begrenzte Zeit, in der sie (ihr) Übel (noch) bessern[190] (konnten), durch die Dauer der Reise zu

102   verbrauchen.   Schwitzend[191], aber schnell und voll Diensteifer gelangte er zu den Menschen.

103   **(27)** Er stellte sich auf einen erhöhten Punkt und verkündete: „Ihr[192]   59 Einwohner dieses Ortes, öffnet die Vorhänge (eurer Hochzeits-)Gemächer[193]! Zieht den Bräutigamen (ihren) Feststaat[194] aus, werft (allen)

104   Schmuck[195] weg! Beklagt keine Toten, sondern Lebende!   Die Tage

---

[183] *aynč'ap'* = τοσαῦτα

[184] Die merkwürdige Wendung *gowt' ankani… yastowac* übersetzt Lewy (S. 45) zurück: οἶκτος ἐμπίπτει… Θεῷ. Nach den bei ASA unter *gowt'* angeführten Belegen, denen man Tob. 6,22 (= LXX Tob. 6,19) hinzufügen kann, wäre eher zu übersetzen: ‚seiner Liebe nachgeben, Liebe erweisen', und unser Text spräche (was ich leider nicht recht übersetzen kann) vom Nachgeben des ohnehin Willigen. Dazu paßt *138*.

[185] „und". Lewy nimmt eine Korruptele bereits in der griech. Vorlage an (S. 45) und will emendieren: „Gott erbarmte sich des Meeresungeheuers". Näher liegt aber m. E. die Annahme der rhetorischen Figur eines ὕστερον πρότερον (Lausberg § 891; vgl. unten Anm. 518), und es braucht nichts emendiert zu werden. – Auchers Paraphrase ist bloße Verlegenheit.

[186] „durch vieles Treiben angetrieben lief". Lewys Konjektur (die aber entweder *ən̄tanenayr* oder *ən̄tananayr* zu lesen wäre) lautet: „… gezähmt wurde". Sie paßt gut zum unteren Kontext, aber schlecht zum (unmittelbaren) oberen.

[187] ich nehme *zi* temporal, = ὅταν (vgl. ASA)

[188] Lewy (S. 46 Anm. 1) möchte hier (wie es scheint) konjizieren: ‚sofort'

[189] „Gottes Stimme"

[190] „(ihre) Krankheit beseitigen" – mit Auchers und Lewys Korrektur.

[191] Die Varianten und Korrekturen sind nur phonetischer Natur

[192] „Männer, Einwohner" – vgl. Anm. 95

[193] Nach Lewy (S. 48) wäre das eine Fehlübersetzung für „die Schleier eurer Mädchen"

[194] „die Kränze", antiker Festschmuck und hier wohl *pars pro toto*

[195] wieder „die Kränze" (mit einem Synonym)

eures Lebens hat euch der Herr der Welt[196] verkürzt. Eure Zeit ist begrenzt[197]: *Diese Stadt hat*[198] *(noch) drei Tage!* (Jona 3,4 LXX)
Was der Grund (dafür) ist, wißt ihr sehr wohl. Euch ist bekannt, was[199]
ich euch (jetzt) predigen (werde). Ihr kennt Gott nicht. Ihr stattet kei- *105*
nen Dank ab für Gottes Gaben. Versprechen mißachtet ihr, das Recht
kauft ihr, die Richter besticht ihr mit Geschenken. Die Armen demütigt
ihr, ehrt aber[200] diejenigen, die mit Betrug reich geworden sind[201]. Ihr
jagt nach gesetzeswidriger Sinnenlust, zerstört Ehen, macht die *106*
Schönheit der Mädchen zur Schande, versucht Männern das Aussehen
von Frauen zu geben, wechselt Verlobungen und raubt die Bräute anderer. Ihr haltet euch für Lehrer der Rechtmäßigkeit, und in euch brennt
das Gelüst nach dem Illegalen. Ob ihr die Lebenden unterdrückt oder *107*
die Toten ausraubt, anvertrautes Gut[202] veruntreut oder von anderen
verlangt, denen ihr gar nichts anvertraut habt – ehe ihr dem ersten sein
Recht widerfahren laßt, bereitet ihr (schon) die rechtswidrigen Strafen
der nächsten Angeklagten[203] vor, und nichts wird von eurer Seite aus
ohne Bosheit geplant: Was ihr redet oder tut oder Andere lehrt, (es geschieht) aus Bosheit!"

(28) Als das die Niniviten von dem Propheten hörten, zeigten sie sich *108*
überzeugt von der eindringenden[204] Predigt. Sie pflichteten dem Propheten bei[205] (und) glaubten (ihm). Dem, der (ihnen) ihre Untaten auf-

---

[196] „der Herr aller" – schon im Griechischen dürfte unentscheidbar gewesen sein, ob πάντων Masculinum oder Neutrum ist.

[197] ohne Lewys Konjekturvorschlag (im App.), der in dieser ausgesprochen rhetorischen Folge von Kurzsätzen (εἰρομένη λέξις, Lausberg § 921.932) einen längeren Satz ergeben würde.

[198] „hat in der Mitte", wohl ein Pleonasmus; in ASA und in der Konkordanz nicht nachgewiesen.

[199] So wäre wohl auch ohne Lewys Emendationsvorschlag (S. 46 Anm. 1) zu übersetzen

[200] Zu Recht klammert Lewy *zi* ein und verdeutlicht damit die durch *ew* verbundene Antithese.

[201] „den ungerechten Reichtum", wie auch vorher: „die Armut" – *abstractum pro concreto* (Lausberg § 569 Nr. 4)

[202] *awand* = παραθήκη, *depositum* (ASA). Ein spezifisches deutsches Wort gibt es nicht, denn die hier gemeinte Sache hat längst die Form von Sparguthaben und Wertpapieren angenommen.

[203] „der zweiten Anklagen" (falls *patowhas* hier für ἔγκλημα steht; vgl. ASA). Die Konstruktion verwirrt sich zunehmend; Lewy (S. 48 Anm. 1) vermutet Textverderbnis bereits im griech. Original.

[204] „unablässigen"; von Lewy für korrupt erklärt. Eine Hs. bietet die Randglosse „fleißigen".

[205] „mit passenden Gedanken" – hier versuchsweise mit einem Hauptsatz wiedergegeben

zählen (konnte), obwohl er gar nicht aus der Stadt war, glaubten sie seine

109 Predigt auch. Denn wer niemandes Taten gesehen hatte und (sie doch) nennen (konnte), der (war) auch (in der Lage), aus derselben Prophetengabe heraus das Zukünftige anzusagen, das über sie hereinbrechen

110 würde. So versammelten die Niniviten Männer und Frauen, Älteste und Bürgermeister, Diener und[206] Herren und alles, was Rang und Namen hatte, kunterbunt auf einem Fleck zu einer (recht) traurigen Volksversammlung und erklärten folgendes:

111 **(29)** „Vielleicht kommt ihr dahin[207], (liebe) Mitbürger, daß ihr, zur Prüfung eurer Treue[208] durch den Herrscher und (zur) Aufhebung[209] des richterlichen Todesurteils[210], euch in (gemeinsamer) Ehrerbietung

112 vereinigt[211]. Denn die Ehre, die Untertane einem König vor (der Vollstreckung ihres) Todesurteils entgegenbringen, beweist, mit wie treuer Gesinnung sie ihn (vorher) geehrt haben. Die unter Drohungen erwiesene Gefügigkeit hingegen ist eher ein Erweis[212] von Servilität als von Liebe. Denn (der König) glaubt[213] höchstens, (eine gewisse) Ehre zu erhalten, aber ⟨nicht⟩[214], wie es bei uns jetzt ist, daß der Dank einem Her-

113 zensbedürfnis entspricht[215]. (Der König) ist aber[216] nur ein sterblicher (Mensch): (Um so mehr) müssen diejenigen, die unter den Gesetzen der

---

[206] mit Lewys Vorschlag (im App.) tilge ich das inhaltlich wenig passende und formal die Isokolie störende *zt'agawors* „Könige"

[207] Damit möchte ich *t'erews zjez... hasanel* als übergeordneten a.c.i. wiedergeben. Der ganze Satz besteht aus a.c.i.-s, was im Übersetzungsarmenisch immerhin möglich ist (Jensen § 397.403 f.; hier im Text *133.136.181.201.204.215*).

[208] *ardar* heißt nicht nur ‚gerecht', sondern auch ‚zuverlässig, treu' (gegen Auchers Auffassung der Stelle)

[209] so *oč' əndownel* bei Bedrossian

[210] *vaxčanin* „des Endes" plenoastisch, unübersetzt

[211] übersetzt nach *113*, wo die Wortgruppe *ant'anal i patiw* den Sinn von ‚gemeinsam ehren' (συντρέχειν εἰς τιμήν) zu haben scheint. – Dieser Satz ist eine Analogie, deren Bildhälfte (‚Herrscher' im Armen. Plural, also politisch und nicht theologisch) mit der Sachhälfte (Rahmensatz) kontaminiert ist. Lewy hält ihn überhaupt für korrupt; seine Änderungen sind jedoch unbrauchbar, weil er von einer Lücke ausgeht, von der er nicht angibt, was er darin vermutet. – Auchers Latein ist eine freie Paraphrase des Wortbestandes; für *colendos, eo... quod* und für die finite Form von *probetur* bietet der armen. Text nichts Entsprechendes.

[212] Verbum mit Lewy ins Aktiv geändert; das pleonastische *karcis* (von *karcik'* „Einstellung") unübersetzt.

[213] Zu der (nichtklassischen) Imperfekt-Passiv-Endung *-iwr* (3. Sg.) siehe Dionysios Thrax S. 47 Z. 14, Karst S. 310 f. und unten Anm. 292.540.684.704.

[214] von Lewy eingefügt. Auch in Satztrennung und Interpunktion gehe ich mit Lewy.

[215] „daß der Dank der Herzen befriedigt wird". Zum übertragenen Gebrauch von *bžškel* siehe ASA I 488 c unten.

[216] *bayc' sakayn ayl* = οὐ μὴν ἀλλά

Könige stehen, denjenigen Richter ehren[217], der über diese Stadt das Todesurteil verhängte – was[218] die Aufrichtigkeit derer, die ihn ehren, unter Beweis stellen (wird). Auf keinen Fall sollten wir uns mit Bitten 114 an den Prediger[219] aufhalten. Er hätte keine Möglichkeit, etwas gegen die Geltung des Gesetzes zu unternehmen[220]; denn (dann) wäre er (ja) selbst der Gesetzgeber und der Herr der Herren[221].

(30) Laßt uns nun beten, liebe (Freunde), bei[222] Gott, dem Herrn des 115 Universums! Da kein Gesetz die Kraft unserer Bitte hemmen kann[223], wollen wir (versuchen,) den Herrn des Gesetzes durch Bitten (zu) bewegen. Denn[224] subalterne[225] Machthaber (lassen) Verurteilte hinrich- 116 ten, und Gesetze, wie sie überall gelten, bestimmen für Verurteilte den Tod; sie führen (aber) nicht deren eigenen Willen aus[226], sondern was der Wille des (obersten) Königs ist, das setzen sie durch. Wenn dem so 117 ist, dann könnte unsere Bitte erreichen[227], daß der große König uns[228] retten will. Nicht ringen wir mit dem Willen anderer, denn die hängen alle vom Willen des Königs ab.

Nun laßt uns überlegen, wegen welcher Taten wir nach dem Willen 118 Gottes verworfen werden[229]. Denn wenn wir das erkennen (und) bedenken[230], ⟨wird sich zeigen⟩[231], daß unsere[232] (bisherige) Lebensführung (Jonas) Predigt recht gibt. (31) Wie aber können wir wissen, wel-

---

[217] „zur Ehre desjenigen Richters (zusammen)laufen" – siehe Anm. 211
[218] Hs. A oder Lewys Konjektur
[219] „Lehrer"
[220] „(es) zu beseitigen"
[221] Aucher hat den Satz m. E. nicht verstanden. *ēr* heißt nicht ‚er steht bevor', sondern ‚er war' oder auch ‚er wäre' (ἦν ἄν). – Zu „Herr der Herrscher" (so wörtlich) vgl. die NT-Kommentare zu 1.Tim. 6,15; Apk. 17,14
[222] „um ... willen". Vielleicht gilt Gott hier als Adressat und Mittler zugleich (vgl. Auchers Paraphrasen), oder ein griech. χάριν („laßt uns ... Gottes ... *Gnade* anrufen") wurde mit der Präposition χάριν ‚um – willen' verwechselt
[223] „lösen wird"
[224] *ew k'anzi* = καὶ γάρ
[225] *əst masin* = κατὰ μέρος. Für Auchers Übersetzung müßte der Plural stehen.
[226] So würde ich auch ohne Lewys Änderung übersetzen.
[227] „können wir soviel bitten"
[228] „die Bittenden"
[229] *i bac' dnem* wohl = ἀθετέω. Aucher folgt einer anderen Lesart (*gorceloy* statt *gorceal*).
[230] *ork' ditenn* „welche blicken" als ungeschickte Wiedergabe eines pleonastischen griech. Partizips (etwa θεωροῦντες) aufgefaßt
[231] Ausfall des Hauptverbums (vgl. Anm. 99); oder man läßt mit Aucher (stillschweigend) und Lewy (ausdrücklich) das folgende *k'anzi* ‚daß' weg und konstruiert: „wenn wir ... bedenken, bewahrheitet unsere (bisherige) Lebensführung (Jonas) Predigt"
[232] „diese selbe unsere" – wozu die Betonung?

ches Leben Gott gefallen (hätte)? Wir brauchen uns (nur) anzusehen, was bei uns vorgeht, und wir werden erkennen, wonach wir suchen.

119 | Wenn ⟨jemand⟩[233], aus seiner alten (Lebensweise)[234] aufgeschreckt, von ihr abläßt[235], wird er die entgegengesetzte kennenlernen. Jene[236] hat das Todesurteil ausgelöst; diese könnte[237] die Drohung aufhalten. Was für eine Ermutigung für unser Vorhaben könnte es aber geben, (liebe) Leute, als daß[238] wir die Wahrheit finden?

120   Zunächst und vor allem haben wir dieses Geschenk von Gott empfangen, daß wir Menschen sind[239]. Jedoch (gleich) nach der Geburt haben wir den wilden Tieren nachgeeifert und sind, vernünftig erschaffen, auf die Stufe[240] des (unvernünftigen) Viehs[241] abgesunken. Wie dieses gerade nur sein Futter kennt und sich um seinen Ernährer nicht kümmert, so genießen auch wir die Früchte des Landes, ohne an den zu denken, der

121   die Früchte hervorbringt.   Der aber schenkt uns mit vollen Händen nicht nur[242], was zur Ernährung gehört, sondern auch was zur Unterhaltung und zur Freude dient, und hat nichts von uns gefordert, (sondern) uns bis heute sorglos gelassen. Er wollte mit uns nicht so umgehen, wie wir mit einem Tier, obwohl wir uns als Tiere erwiesen haben.   Wenn

122   *wir* den Tieren Futter vorsetzen, verlangen wir dafür deren Dienste; und   59
wenn sie nur Kostgänger sind[243] und ihrem Ernährer nichts einbringen,

123   gelten sie für ein Verlustgeschäft des Landwirts[244].   *Er* aber, der uns nicht nur das Geschenk der Nahrung, sondern überhaupt das Leben gönnt, hat bis zum heutigen Tage unsere Stadt unterhalten, die ihm keinerlei Ertrag[245] gebracht hat. Wo liegt (hier), sagt (mir), der Nutzen?

124   **(32)** Welcher Vater seit (unseren) Vorvätern hat seine Söhne unterwiesen? Welche Hochzeit(sgesellschaft)[246] hat am Hochzeitstag eine

---

[233] von Lewy eingefügt (ebenso von Aucher in der Übersetzung)

[234] „aus jener"

[235] „zurückkehrt"; *daṙnam* = ἀναστρέφομαι, wohl wie ἐπιστρέφομαι als Ausdruck für ‚Buße' gebraucht.

[236] „diese"; nachher „jene". Die Verwendung der Morpheme *s, d* und *n* in unserem Text ist manchmal geheimnisvoll. Vgl. Anm. 72.144

[237] oder: „wird"

[238] *k'an zi* (besser auseinandergeschrieben) = ἤ ὅτι

[239] „der menschlichen Natur teilhaftig wurden"

[240] „Natur"

[241] *anasown* entspricht κτῆνος, ζῷον, aber auch ἄλογος (ASA)

[242] ein überzähliges *miayn* von Lewy gestrichen

[243] im Armen. Wechsel in den Singular. Vgl. Anm. 44

[244] „wird die Ernährung des Tieres für einen Schaden des Ernährers gerechnet"

[245] „Nutzen des Ernährers"

[246] oder „Brautpaar", wörtlich „Hochzeit" (Metonymie: Lausberg § 565 ff.; vgl. oben Anm. 201)

Danksagung abgehalten? (Bei) welcher Geburt[247] wurde dem Schöpfer
dafür gedankt, daß das Kind wohlgestaltet ist? Und über welchem Tisch
wurde Gott gepriesen?

(33) Am wenigsten kann man (hier) einwenden, Gott sei unerkenn-   125
bar und es sei nicht möglich[248], mit vergänglichen Augen den Unver-
gänglichen zu sehen, da die Herrlichkeit des Unsichtbaren unsichtbar
sein (müsse).   Denn zum einen dürfte er uns unsere Schwäche nachse-   126
hen; zum andern schenkt er uns (selbst) die schöne Erkenntnis seiner. Er
(selbst) bleibt (zwar) in seiner Herrlichkeit und wird nicht gesehen.
Trotzdem hat er uns Augen gegeben, damit wir ihn sehen. Er gab uns die
Elemente der Erde, den Himmel, die Sonne, den Mond, den Morgenstern und die Harmonie der vielen (übrigen) Sterne. Wenn wir schon den
Baumeister[249] selbst nicht sehen, so können wir ihn doch aus dem[250], was
er mit Geschick erbaut hat, erkennen.

Würde es nicht ausreichen, Gott bekannt zu machen, (wie) der Him-   127
mel auf Luft ruht, auf unsichtbare Säulen gegründet?   Wäre die Sonne   128
nicht genug, (ihren) Lenker erkennen zu lassen? Obwohl ihre Größe[251]
begrenzt ist, breitet sie sich doch, von unsichtbarer Hand verteilt, in alle
Welt aus. (Ihre) verbrennende Kraft[252] hält sie im Inneren ihrer Scheibe
zurück; die (Kraft) aber, die (alle) Dinge wärmt, verströmt sie in ihren
Strahlen.   Die Strahlen aber füllen nach allen Seiten[253] die unausfüll-   129
bare[254] (Welt-)Scheibe[255] des göttlichen Erbauers; ringsum in aller Welt
verbreiten sie (weitere) Strahlen und machen Gott bekannt, den in ferner Höhe schwebenden[256] Baumeister.

(34) Und wenn das nicht ausgereicht hätte, (ihn) zu offenbaren, hät-   130
ten wir auf etwas anderes[257] den Blick richten können, was Tag für Tag
von Gott bewirkt wird.   Ich meine[258] denjenigen nächtlichen Him-   131

---

[247] „welche Kindergeburt hat... gedankt" (gleiche Metonymie)
[248] mit oder ohne Lewys Änderung
[249] *arowestagēt* = τεχνίτης = *artifex* ‚Handwerker, Hersteller', aber mit positiverer
Wertung als die beiden Worte im Deutschen
[250] „durch das" oder „mittels dessen"
[251] „Natur"
[252] „verbrennende Natur"
[253] „gehen füllend umher"
[254] Auch ohne das von Lewy eingefügte *z* (dazu vgl. Anm. 348) würde ich mit Akkusativ rechnen. – Wörtlich: „fassen... die unfaßbare..."
[255] lies *skowteln* (Druckfehler bei Lewy). – Das Wort entspricht lat. *scutella* ‚Schale'
[256] lies *kaxec῾eal* (Druckfehler bei Lewy)
[257] mit Lewys Konjektur
[258] statt der rhetorischen Frage „Was ist dieser...?"

melskörper, der sozusagen seinen Werdegang bis zur Geburt in der Luft erfährt[259] und so genau von seinem Schöpfer instruiert ist[260], daß[261] er täglich um dasselbe Maß zunimmt, um das er anschließend wieder ab-
132 nimmt.   Er soll nicht größer werden, um nicht mehr Licht zu spenden, als (ihm) zugemessen ist, und[262] wenn er dunkel ist, seine Geburt[263] nicht verzögern, sondern mit der Strahlengeburt[264] Anderer[265] verbinden und bei (seinem) Ende[266] mit (deren) Geburt zusammengehen.
133 | Dieses Zusammengehen[267] von Sonne und Mond ist im übrigen[268] die Verwandlung der Nacht zum Tag, der Tage in (Tages-)Zeiten, (ebenso auch) die Einteilung der (Jahres-)Zeiten in Monate, der Monate in Tage,
134 der Tage in Stunden und in Tag- und Nachtgleichen[269].   (Wenn) See-
fahrer in den Wogen nach den Sternen ihren Kurs ausrichten[270], Flüsse   59

---

[259] Was ich mit „seinen Werdegang bis zur Geburt erleben" übersetze, ist das eine armen. Verbum *erknel* = ὠδίνεσθαι, passivisch zu verstehen (denn Subjekt ist nicht die Mutter, sondern das „Kind", der Mond). – Auchers *ortum accipere* läßt die Metapher verschwinden: wer vermutete hinter *ortum* die Bedeutung ‚Geburt'?

[260] „so feste Kenntnis seines Schöpfers hat"

[261] *ibrow* = ὥστε

[262] mit Lewys Änderung

[263] *cnanil* von Lewy unnötigerweise in klassisches *cnanel* korrigiert. Die Hellenophile Schule kennt seit Dionysios Thrax (S. 21 Z. 14; S. 49 Z. 17) den Infinitiv Medio-Passiv auf *-il*. Vgl. *De Sampsone* 4 (*psakil;* Kennzeichnung des Passivs dort unverzichtbar).6 *(lowcanil).* 11 *(bažanil)* und Karst S. 342.

[264] „mit den ersten Geburten aus Strahlen". – Das nochmalige *cnowndn* „(seine) Geburt" (als Akkusativobjekt) ließ ich unübersetzt; die Häufung gleicher Wörter ist im Deutschen *kein* Mittel guten Stils. – Woran hier angespielt wird, ist das ungefähre Synchrongehen des Neumonds mit der Sonne.

[265] Der Plural erklärt sich wohl als Anspielung an Sonne und Morgenstern.

[266] „zum Ende", mit Lewys Änderung. Weitere Änderungsvorschläge Lewys habe ich nicht übernommen. – Aucher „übersetzt" eine ganz andere Konstruktion.

[267] *teḷi(n) tal* heißt normalerweise ‚ausweichen' („den Ort geben") so *134* ‚verschwinden, vergehen'. Hier ungenau verwendet; denn wenn die Sonne dem Mond weicht, ist das nicht der Wechsel von der Nacht zum Tag, sondern umgekehrt. – Syntax: a.c.i.

[268] „war äußerlich". – Lewy erklärt den Text für korrupt (S. 48 Anm. 1; ferner eine Bemerkung S. 46 Anm. 1, die ich nicht verstehe). Aucher gibt 3 Paraphrasen, eine im Text, zwei in der Anmerkung. Ich gehe mit Lewys Zeichensetzung.

[269] „in gleiche Hälften des Tages wiederum mit der nächtlichen (Zeit)" – eine sehr wirre Wiedergabe der Astronomie, die zu ordnen nicht mehr Aufgabe des Übersetzers ist.

[270] Ich weiß nicht, wo Aucher das Verbum *obsequitur* und den Genitiv in *stellarum motum* hernimmt. Die Sätze, die er abteilt, sind syntaktisch unvollständig. – Ich gehe mit Lewy, der alles von *covows* bis *yangelov* als einen Satz auffaßt. Regierendes Verbum: *kśŕeal ē,* Subjekte: *bnowt'iwn* – dann eine adverbiale Bestimmung im Lokativ (*owlēgnac'owt'ean*) und noch zwei im Instrumentalis (*aŕnelov* und *bɫxelov*) – dann weitere Subjekte auf *-iwn* und, nach dem Verbum, der *minč' zi-*Nebensatz. – Lewys Rückschlüsse auf eine anders gemeinte griech. Vorlage lindern nicht den syntaktischen Wirrwarr dieses Satzes.

sich von neuem füllen und Quellen aus der Tiefe ihre Fülle[271] strömen lassen, ist das feuchte Element der Einteilung in Zeiten, Regeln und Maße unterworfen – wie überhaupt alles, die grünenden Wiesen und die fruchttragenden Bäume. Nichts bringen sie hervor, was nicht (zu der Zeit) gebraucht würde[272], und lassen, wenn sie (selbst) vergehen, anderes wachsen. Zeigt dies nicht den Herrn aller (Dinge)?

(35) Uns aber, die wir menschliche Gesichter, aber nicht Gedanken gezeigt haben, wurde zur Selbsterkenntnis und zu unserer Würde die Gabe des Denkens[273] verliehen; und diese Auszeichnung vom Herrn haben wir zur Beschämung gemacht. Den Weltschöpfer haben wir, so sehr wir die Welt betrachten (können), nicht erkannt (und) den Steuermann, so sehr wir den vielfältigen Inhalt[274] des Schiffes[275] mustern (können), nicht bemerkt. *135*

Wenn wir nun Gottes Menschenliebe erfahren haben, dann laßt uns wenigstens jetzt eingestehen, daß wir ihn kennen, damit wir von (eben dieser) Menschenliebe Gottes geschont und gerettet werden[276]. Um (das) gemeinsam zu erlangen[277], wollen wir von Herzen den rechten Dank üben[278], den der Buße.   Denn mit Recht wurde unserer Stadt die Untergangspredigt gehalten: so laßt uns nun dagegen, soweit wir können, die Heilspredigt halten! Was aber (soll) das Heilsame sein? – *Ruft ein Fasten aus und ein Bittgebet an den Allmächtigen!*[279] (Vgl. Joel 1,14; Jona 3,5.)   Denn bestimmt (läßt) sich derjenige, der uns den Untergang schickt, zurückhalten und gibt wenigstens einmal seiner leidenschaftlichen Menschenliebe[280] nach[281]! Obwohl streng zu den Sündern, ist er (doch) mild gegenüber Bittenden. *136* *137* *138*

---

[271] „Gnaden, Wohltaten"

[272] Lewys Emendationsvorschlag (im App.) führt auf einen gleichfalls pleonastischen Ausdruck mit derselben Bedeutung.

[273] „die Logik"; ich habe *bnakan* = λογική im weiteren Sinne aufgefaßt.

[274] „die Fülle"

[275] ohne Lewys Konjektur. – Ich nehme *zaynčʿapʿ* für adverbialen Akkusativ = τόσον ‚so sehr' bzw. (beim 2. Mal) für Objektsakkusativ ‚soviel von' – darum fähig, den Genitiv *lrowtʿean* zu regieren. *Distinctio* (Anm. 65.67)

[276] „Rettung gewinnen"   [277] „zu genießen"

[278] „sollen unsere Herzen guten Dank aufnehmen"

[279] *lawn* entspricht m. E. τὸ κρεῖσσον, einer in später hellenistischer Zeit verschiedentlich belegten Gottesbezeichnung (LSJ κρείσσων [I].2; Lampe κρείσσων 2.a); in *De Sampsone* kommt es noch öfter (siehe Anm. 517.582.658) vor. – Man könnte noch τὸ ἀγαθόν erwägen (Lampe ἀγαθός B. 1; vgl. Philon, *De spec. leg.* II 53; *De gigant.* 45). ὁ ἀγαθός scheint (außer bei Markion) nicht üblich gewesen zu sein; auch Philon, *De somniis* I 149 und *De mutat. nom.* 7 sind kontextbedingte *ad-hoc*-Bildungen.

[280] „der Stärke seiner Menschenliebe"

[281] Lewys Konjektur (S. 45) bezüglich der griech. Vorlage scheitert an der Regel, daß

139   **(36)** Und wenn niemand sich getraut, die Hände zum Gebet zu erheben, weil (jeder) sich über sein Leben schämt, dann laßt uns den Prophe-
140 ten selbst bedrängen, Fürsprecher für uns zu werden.   Wir wollen dem Prediger sagen: ‚Wenn du Gottes Diener bist, leih uns deine Stimme!   60
Erweise (uns) deine Prophetengabe selbstlos und freigebig! Wie wenn du auch so gelebt hättest wie wir[282], bete, daß wir durch die Gleichstellung mit dir gerettet werden. Durch dein Kommen soll, wenn möglich[283], unsere Stadt vor Schaden und Verlust[284] bewahrt bleiben. Sei eine Mauer um unsere Stadt und eine schützende Rüstung[285] für ihre Bürger!‘ "

141   Nachdem sie so gesprochen hatten, hoben sie die Volksversammlung auf. Alle eilten nach Hause, und jeder einzelne dämpfte[286] den Stolz seines Herzens. Die Dämpfung geschah aber auf folgende Weise:

142   **(37)** Der König vertauschte den Thron seiner Majestät mit einem Sack[287] (und) der Richter legte den Stab, das Zeichen[288] seiner Macht, nieder. Der Herr schenkte dem Knecht die Freiheit. Die Greise[289] streuten sich Asche ins graue Haar; die Matronen rauften sich die Frisuren.

143 | Die Vorhänge vor den Brautgemächern[290] wurden abgerissen und die Lampen der Hochzeitsfeiern gelöscht. Weinen und Klagen war anstelle der Lieder zu hören. Die Mädchen beweinten ihre unerfüllte Hoffnung, die jungen Männer ihr unerwachsenes Alter und die Kinder mit (ihren) quäkenden[291] Stimmen den Tod, den sie (noch gar) nicht kannten[292].

144 | Und (so) lautete ihr Klagelied: *Woher kann jemand wissen, (ob) Gott sich vielleicht erbitten läßt?* (Jona 3,9)[293]

ἄν nicht am Beginn eines Satzgliedes stehen darf (LSJ 97b, Punkt D I.4). – Die andere Konjektur, daß in *zōrowt'eamb* ein griech. Dativ mißverstanden sei (S. 48), akzeptiere ich. – Mit *kam* ‚oder‘ weiß ich nichts anzufangen; Auchers *puta* ‚nämlich‘ steht nicht in den Wörterbüchern, auch nicht für griech. ἤ oder ἤτοι. – Mit Lewy gehe ich ferner in der Bevorzugung der Lesart *irōk'* (statt, bei Aucher, *owrēk'*) und in der Umstellung von *ew zi*.

[282] „wie Teilnehmer geworden mit unserem Leben" – ironisch! Jona ist tatsächlich ein Sünder, nicht nur als ob.
[283] damit gebe ich (verstärkt) den Konjunktiv wieder
[284] Ob im Griech. ἀνάλωτος ‚uneinnehmbar‘ stand, was der armen. Übersetzer als ‚unbeschädigt‘ mißverstand (Lewy S. 47), kann dahingestellt bleiben.
[285] „eine Rüstung (oder: Waffe) der Rettung"
[286] „schnitt (ab)". So auch im nächsten Satz „das (Ab)schneiden"
[287] lies *xorg* (Druckfehler bei Lewy)
[288] *xratown* (richtiger wäre: *xrattown*) „das Instruierende"; wohl eher Katachrese als (wie Lewy S. 47 annimmt) Mißverständnis des griech. Textes.
[289] im Armen. weiterhin kollektive Singulare
[290] Lewy (S. 48) vermutet hier das gleiche Mißverständnis wie in *103* (vgl. Anm. 193)
[291] „unedlen" oder „undeutlichen"
[292] Zu der Form auf -*iwr* siehe Anm. 213
[293] leicht verändert; LXX (und armen. Bibel): „Wer weiß, ob…"

Sie erniedrigten sich aber dermaßen und übten schriftgemäß[294] solche   *145*
Selbstbeherrschung[295], daß (sogar) ihre Haustiere zu Verteidigern ihrer
Gebete wurden (vgl. Jona 3,7). Sie litten mit[296], um ihre Bitten zu unter-
stützen[297].   Und gewiß[298] blieben sie am Leben, (wie sie auch) verdient   *146*
hatten. Denn wenn sie auch an den Sünden der Menschen nicht teilge-
nommen hatten, da sie auf menschliche Vernunft keinen Anspruch machen konnten und (menschliches) Denken nicht besaßen, so[299] ging die
Bedrohung der Menschen doch auch sie an; eine Zerstörung der Stadt
(mußte) offensichtlich auch sie treffen. Darum baten sie ganz wie die
(Menschen)[300]. Durch gleiche Not sich gefangen wissend, verrichte-
ten[301] auch sie (ihr) öffentliches Gebet.

501   **(38)** Doch wozu weiter von der Demut[302] der Tiere reden, wo[303]   *147*
(doch) auch bei den Menschen die Gemütsstimmung umschlug! Verflo-
gen waren Zärtlichkeit und Zuneigung der Väter zu (ihren) Kindern, der
Frauen zu (ihren) Männern, der Knechte zu (ihren) Herren. Sie kannten
(ihre) Söhne nicht mehr, (wie sie) auch (ihre) Tiere aus den Ställen ver-
trieben.   Sie versagten sich nicht nur alle Freuden, sondern verbannten   *148*
auch (ihre) Frauen[304], denen sie leidenschaftlich ergeben waren, aus ihrem Gesichtskreis.   Keinen gewöhnlichen[305] Tisch sah man mehr,   *149*
keine Sessel, keine faltenwerfenden Roben, kein edles[306] Gold. Auf dem
Pflaster schlief ein jeder[307], und die Bequemlichkeit und die Sessel be-
fanden sich mitten im ⟨Staub⟩[308].   Mit all dem stellten sie sich darauf   *150*

---

[294] *ǝst groc'* (1.Kor. 15,3) = κατὰ τὰς γραφάς. Welche Stellen sind aber gemeint?

[295] „zogen Demut und zubereiteten Geist an"

[296] *datel* (als Passiv: „verurteilt werden") kann diese Bedeutung haben: siehe ASA I 602 b

[297] „zu ihren würdigeren Bitten". – Auchers Textauffassung ist mir unklar: woher nimmt er *veniam?*

[298] *ew yoyž* = καὶ μάλα

[299] *ayl* = ἀλλά als Einleitung der Apodosis bzw. allgemein jeder Weiterführung des Ge-
dankens. Vgl. Anm. 673

[300] „in ihrer Form"

[301] *aṙajoy kam* wohl = *aṙaji kam* ‚erweise mich, zeige mich': „auch sie zeigten sich im
Gebet". Das Verbum habe ich (mit Aucher) gespalten in ‚verrichten' und ‚öffentlich'.

[302] *anaxtowt'iwn* = ἀπάθεια, aber auch *sanitas, integritas* (ASA); das macht Lewys
Konjektur S. 46 Anm. 1 überflüssig.

[303] *yaynžam* ist mit Lewy (App.) *yoržam* zu lesen oder zumindest so aufzufassen. Entsprechendes gilt von dem *ew* (statt *ews*) in der ersten Satzhälfte.

[304] mit Lewys Streichung des *i,* der auch Auchers Übersetzung entspricht

[305] „in seiner Gestalt"

[306] „geliebtes"

[307] „sondern jedermanns Bett war der Boden"

[308] Hier fehlt (wie auch Lewy angibt) mindestens ein Wort; wahrscheinlich aber noch
mehr, denn das zweite *ew* ist funktionslos.

ein, der Liebe des menschenliebenden Herrn zu begegnen[309], (oder aber)[310] dessen angekündigte Drohung ihrer Sünden wegen hinzunehmen[311]. Sie zogen ihre Festkleider an: Sollte die Prophetie trotz der (Buß)predigt gültig bleiben[312], könnten ihnen die Kleider (gleich) als Leichenkleidung[313] gelten; sollte aber die Menschenliebe des Herrn ihnen auf ihr Flehen hin das Leben schenken, könnten sie in ebendiesen Kleidern wohlvorbereitet[314] das Fest (der Rettung) halten.

151   So geschah es denn. Als die Frist des Todesurteils abgelaufen war, sahen sie sich unverhofft ⟨am Leben⟩[315], und alle brachten sie Gott ihren Dank dar.

152   (39) Abermals hielten sie eine Volksversammlung ab und beauftragten die Ältesten mit einer Danksagungsrede[316]. Diese traten vor, während das Volk beharrlich nach ihnen verlangte, vergaßen Trauer und Schrecken[317] und ließen folgendes verlauten[318]:

153   „Soviel an uns lag, liebe (Freunde), waren wir (schon) tot. Wir hatten uns selbst das Urteil gesprochen[319], das uns mitsamt der Stadt zum Fall verdammt(e)[320] – und (nun) leben wir durch die Güte[321] des Herrn! Unter diesen Umständen ist es nur recht und billig, daß wir demjenigen, von dem wir das Leben als einen Teil seiner Gnade erhalten haben, durch (dieses) unser Leben den Dank abstatten[322].

602

154   Es wäre ja ganz und gar ungereimt, wenn ein Mensch, der einen Skla-

---

[309] mit Lewys Konjektur

[310] „und"

[311] Wäre nicht der untere Kontext, könnte Lewys Konjektur (S. 48) gelten, hier sei τὴν ἀπειλὴν ἐπέχειν „die Drohung *aufzuhalten*" falsch übersetzt worden.

[312] „sich gegen die Predigt durchsetzen"

[313] „als Begräbnis" (Synekdoche)

[314] „kunstvoll (d. h. prächtig) gekleidet"

[315] Wort von Lewy ergänzt (vgl. bei ihm S. 46); ebenso *vivos* in Auchers Übersetzung

[316] lies *zšnorhakalowt'eann* (Druckfehler bei Lewy)

[317] „waren nicht mehr traurig (und) betrübt"; so Lewys Text aufgrund einer alten Korrektur in Hs. B und D. Aucher mit den übrigen Hss.: „...unschlüssig (und) betrübt"

[318] „vollzogen ein solches" – vermutlich Katachrese von πράσσω, das im speziellen Sinn für politische und geschäftliche Transaktionen, auch Verhandlungen, stehen kann (LSJ πράσσω III 5.6), aber kein Verbum des Sprechens ist. Vollends meint *gorcem* (siehe Konkordanz) in erster Linie Land- und Handwerksarbeit. – Das folgende *k'anzi* = ὅτι, Zitierpartikel, habe ich durch Anführungszeichen wiedergegeben.

[319] Übersetzung der Wortgruppe *dat hatowc'anel* nach Bedrossian. Die Alternative nach ASA und Aucher wäre: „Wir hatten uns zu verantworten".

[320] „wir werden gefallen gesetzt" – ich habe das Tempus verändert und Haupt- und Nebensatz vertauscht.

[321] „Menschenliebe"

[322] „den im Leben bestehenden Dank geben" – Spiel mit der Mehrdeutigkeit von ,Leben' als ,Überleben' und als ,Lebensführung' (*distinctio*, Lausberg § 662)

ven um Geld gekauft hat, (zwar) den Anspruch auf[323] dessen körperliche Dienste besäße, wir aber, aus dem Tod ins Leben (zurück)gekauft, uns nicht mit ganzer Seele (unserem) Käufer hingeben würden! Obendrein wäre kein Herr bereit, (seinem) Knecht einen Teil der Arbeitszeit zu schenken oder nur *einen*[324] Teil von dessen Arbeitskraft[325] für sich zu erwerben, den anderen (Teil aber) ihm zu überlassen. Bei uns aber hat der Herr der Welt eine Teilung der Lebenszeit (zugelassen)[326]. Daß wir[327] Zugang haben zu solcher Großzügigkeit, (dafür) sind wir selbst seine Zeugen. Denn wenn er uns (zur Zeit des) Ungehorsams und der mangelnden Erkenntnis seiner (schon) so großartig und fürsorgend ernährt hat, mit wieviel Gütern wird er uns (jetzt, nachdem wir) gehorsam geworden sind und (ihn) bekennen, nicht ehren[328]?" *155* *156*

So stand es mit den (Niniviten). Sie waren fest und ehrlich entschlossen, durch Gottesfurcht sich für die (empfangenen) Wohltaten erkenntlich zu zeigen. **(40)** Der Prophet aber blieb, nachdem er den Niniviten die aufgetragene Predigt gehalten hatte, nicht in der Stadt, entfernte sich auch nicht aus dem Umkreis der Stadt, sondern floh nur vor den Menschen und erwartete von ferne ihr Verhängnis. Er suchte sich einen Beobachtungsposten für das unentrinnbare Schauspiel[329]. Sein Sitz war unter dem Schatten, den die Zweige einer Kürbisstaude gaben – ein schöner, willkommener Schatten, eine bequeme Sache. Doch während er darauf wartete, die Stadt in Asche sinken[330] zu sehen, sah er (ihre Einwohner)[331] festlich geschmückt[332]. (So) kam der Prophet von (seiner Warte wieder) zu den Niniviten, als ob eine für ihn erfreuliche Änderung (ihrer) Leiden eingetreten sei[333]; jedoch war der Kummer der Niniviten auf ihn übergegangen. Denn die Rettung der Stadt konnte ihn nicht so sehr freuen, wie das Nichteintreffen (seiner) Predigt ihm leid tat. *157* *158* *159* *160*

---

[323] „die Gnade von" (eine sehr beschönigende Formulierung!)

[324] mit Lewys Vermutung (S. 46 Anm. 1), daß in der griech. Vorlage nicht οὐδέν, sondern οὐδ' ἕν zu lesen gewesen wäre. – Ebenso akzeptiere ich die Streichung von *tērn*.

[325] „Dienst"

[326] „die Lebenszeit geteilt". Das dürfte sich, dem unteren Kontext nach, auf den Unterschied zwischen früherer und jetziger Lebensweise der Niniviten beziehen.

[327] ohne Lewys Streichung

[328] *mecacʿowcʿanem* = μεγαλύνω, vgl. Lk. 2,46

[329] ‚unentrinnbar' für die Niniviten, ‚Schauspiel' für Jona – ich habe diesen semantischen Kentaur (genau gesagt, ein Zeugma: Lausberg § 706; vgl. oben *49* mit Anm. 71) stehen lassen.

[330] *acłanam* ist bei ASA unter *acxanam* aufgeführt

[331] „sie" (Sg.) (Synekdoche)

[332] „bekränzt"; vgl. Anm. 194

[333] Ich übersetze *ibrow... ełeloy* wie ὡς... γενομένου(ης). Auchers *vix* ist freie Zutat.

(41) Als er nun der Bürger Ninives ansichtig wurde, (sie) tanzen sah und den Zusammenklang der Instrumente hörte, klatschte er in die   60:

161 Hände und rief weinend: „Das ist es, warum ich geflohen bin! Nicht um vor dem alles sehenden Auge auszuweichen, sondern um meine Achtung und mein Ansehen zu wahren! (Denn) ich war mir bewußt, ⟨daß⟩[334] nicht um der Zerstörung willen[335] die Katastrophe angedroht wurde,

162 ⟨sondern⟩[336] zur Bewahrung[337].   Ich kenne die Nachgiebigkeit Gottes gegenüber[338] denen, die sich aufs Bitten verlegen! Er erträgt keine Tränen und (kann) den Klagen[339] der Bedrängten nicht widerstehen[340]. Die Mienen der Trauernden heitert er auf[341] und erläßt denen, die ihn anflehen[342], das Todesurteil.

163   **(42)** Ich bin aber geflohen, um nicht nur Gottes Menschenliebe auf Erden, sondern auch seine Macht über das Meer[343] zu verkünden: wie ich im Innern eines Bauches wie auf dem Sitz eines Fahrzeugs getragen wurde, wie ich ein aggressives, tödliches Raubtier[344] zum Leibwächter hatte, ja, wie ich als unbesorgter Zuschauer und Lenker eines Meeresungeheuers mitten im gefährlichsten Abenteuer saß und, mit klarem Blick deutlich unterscheidend, die Fundamente[345] des Meeres vor mir

164 sah[346].   Mit meinen schwachen[347] Augen habe ich den Grund der Unterwelt gesehen – die Felsen, die in den Fluten wurzeln, das[348] Licht, das zum Vergnügen der Meerestiere funkelt, das Brodeln der Gewässer, das übermütige Spiel des Getiers und die vielfältigen Formen der Lebewe-

165 sen.   Eine neue Welt habe ich angetroffen anstelle dieser Menschen-

---

[334] von Lewy eingefügt

[335] Instrumentalis des Infinitivs hier mit finalem Sinn (mit Aucher)

[336] von Lewy eingefügt

[337] „Erbauung"

[338] *aȓ* = πρός

[339] mit Lewys Konjektur

[340] Ironie! Der Prophet entrüstet sich über Dinge, die der Autor dieser Predigt seinen Hörern gerade empfehlen möchte. Vgl. Jona 4,2

[341] „verwandelt und tauscht aus"

[342] „erläßt flehenden Worten…" (Metonymie)

[343] Die Ortsadverbien ‚auf Erden' – ‚im Meer' sind, wenn der Satz einen Sinn geben soll, nicht auf etwa auf ‚verkünden' zu beziehen; manche Handschriften (und so auch Lewy) machen das wenigstens beim zweiten Mal durch eine vorgesetzte *nota accusativi* deutlicher.

[344] *ketos*

[345] „die Wurzeln"

[346] Die noch wortreichere Ausdrucksweise des armen. Textes habe ich etwas gerafft, Lewys Emendation berücksichtigt.

[347] „winzigen"

[348] *ayn* dürfte für *zayn* stehen. Vgl. *86* (Ende) *or* für *zor* (von Lewy korrigiert) und das in *129* gleichfalls erst von Lewy eingefügte *z*.

welt, (aus der) ich geflohen war.   Ich schwamm[349] mit den Fischen und   *166*
ernährte mich aus den Fluten wie (irgendein) Meerestier. Durch Atmen
feuchter Luft statt trockener hielt ich mich am Leben[350]; von den Kie-
men[351] des Seeungeheuers saugte ich die Atemluft. Ich tanzte mit, wenn
es sprang[352], und fuhr mit, wenn es schwamm.   Sooft ich, emporgetra-   *167*
gen, über der Oberfläche des Meeres schwebte, sah ich mit den Augen
des Tieres eine neue, scheinbar andere Welt; und sooft ich quer durch
den Ozean in die Tiefsee abtauchte und mich mitten im Abgrund auf-
hielt[353], hatte ich, im Wettbewerb mit der Bestie, an den Tiefen mein
Vergnügen –   (daran)[354] nämlich, wie das Unterste des Meeres im In-   *168*
nern beschaffen ist, (wie) die Unterwelt den Meeresboden[355] erschüttert
und ihn zwingt, die Schleuse(n) zu öffnen und (seine) Wasserfülle über-
all(hin) ausströmen zu lassen,   (wie) Leviathan seinen Leib gegen die   *169*
Fluten preßt[356] und mit (seiner) Masse die Spalten zu verdecken
sucht[357]: mit der Furchtlosigkeit des Bezwingers liegt er da; und nur so
viel kann aus dem Strudel hervorquellen, wie sein Körper (vor-
bei)läßt[358].   Damit nicht genug: auch woher die unterirdischen[359]   *170*
Flüsse kommen und woher diese Wasserläufe ihre Quelle haben, wo das
Quellwasser stets (wieder) verbraucht wird und wie das Trinkwasser sich
ins Salzwasser mischt,   wie schrecklich ferner der Anblick der[360] Mee-   *171*
resungeheuer ist, die, (selbst wo) sie Tieren des Festlands ähneln, viermal wilder sind als diese[361], wie freundlich und zärtlich sie (andererseits)
untereinander sein (können), wie sie aber auch (ihre) Zähne gegeneinander gebrauchen – all das habe ich bei meinen Rundfahrten gesehen.

---

[349] mit Lewys Konjektur

[350] „ich atmete ... zur Rettung". (Das Wort *p'rkowt'iwn* wird in unserem Text stark ver-
schlissen.)

[351] „vom Gaumen" – sofern das Auftauchen des Tieres (im nächsten Satz) vom Autor
nicht als Luftholen verstanden wurde; aber dagegen spricht der hiesige Kontext und oben
89 f.

[352] *xopac'oł* ist von *xopam* ‚ich springe' und nicht (wie Aucher zu tun scheint) von *xopan*
‚wild' abzuleiten. – Lewys Konjektur S. 45 ist m. E. unsinnig

[353] „mitten in der Unterwelt durch das Meer fallend auf den Grund gestellt war"; ohne
Lewys Änderungsvorschläge

[354] ohne die von Aucher und Lewy vorgenommene Einfügung eines Wortes für ‚sehen'

[355] statt des blassen *tełi* „Ort"

[356] lies *kac'owc'eal* (Druckfehler bei Lewy)

[357] „und mit Kugeln die Orte der Spaltung verdeckte"

[358] Konstruktion mir nicht ganz klar; Aucher paraphrasiert

[359] „die nicht beobachtet werden"

[360] „der Gestalt der"

[361] „mit einem Teil eine viermal wildere Natur erhalten haben". Lewys Konjektur
(S. 46) nicht übernommen

172   **(43)** Auch dies schien mir bewunderungswürdig: wie auf dem Meer die schwere Last des Fest(lands) ruht, ohne daß das feuchte Element
173   (unter ihm) nachgibt[362],   wie der äußere Ozean die Erde gleich einem Wall rings umschließt, (um) die rohen Geschöpfe, die angeblich noch jenseits hausen[363], am Herüberkommen auf unsere Erde zu hindern; – obwohl er die Erde umströmt, überflutet er doch nicht das trockene
174   Land.   Was aber noch wunderbarer ist als all dies: Das Geräusch unserer (eigenen) Unruhe wird von der Gottheit gedämpft, die (ihre) Macht als Grenze einsetzt ⟨und⟩[364] als Hüter[365] der Entscheidung(en) eines jeden, die das Maßlose mäßigt, die Materie[366] zwischen die Ränder des   605 Meeres einschließt und im wirren Durcheinanderwogen aller Dinge die Beständigkeit eines Ruheplatzes schenkt.
175   Um dafür Zeuge zu werden, bin ich geflohen! Um das zu sehen, wurde ich umhergejagt. In Gottes Zucht habe ich die Anklage empfangen, die durch mich (ergehen sollte)."
176   **(44)** Du bist (also) geflohen, Gottesmann[367] – (werde) wieder lebendig (und) sprich selbst! – du bist vor Gott geflohen! Welchen Ort meintest du denn frei von Gott zu finden? Hast du nicht im Gesetz gelesen: *Meine Hand hat die Erde gegründet, und meine Rechte hat den Himmel*
177   *verfertigt* (Jes. 48,13)?   Wärst du über die Erde hinausgewandert und über das Himmelsgewölbe[368] emporgestiegen, hättest du dich dann vielleicht vor deren Erbauer verbergen können? – Folglich bestand gar keine (Aussicht), menschliche Grenzen zu verlassen und dem alles se-
178   henden Auge zu entkommen.   Wie ein geschickter[369] Jäger[370], der sein Wild kennt, zum Schein von den (Tieren), die er gerade jagt[371], abkommt und das gejagte Wild[372] in Ruhe läßt und ihm zu fliehen erlaubt, nachdem er (zuvor) den Fluchtweg zur Sackgasse gemacht und am Ende der Strecke das Wild mit Fallen[373] umstellt hat, – so brachte auch der

---

[362] „aufgelöst wurde"
[363] Endung von Lewy korrigiert
[364] Einfügung von Lewy (im App.) vorgeschlagen
[365] „Einschließer"
[366] hiwlẹ = ὕλη; wieso übersetzt Aucher *atomum?*
[367] „göttliches Haupt"
[368] „den Himmelsgürtel" oder „die Himmelszone"
[369] „wahrhafter und tüchtiger"
[370] Endung von Aucher und Lewy korrigiert
[371] Lewys Änderungsvorschlag (im App.) wäre nur eine grammatische Glättung
[372] „Tier". Der Wechsel zwischen Singular und Plural wäre im Deutschen störend; ich überbrücke ihn durch die Verwendung des Collectivums ‚Wild'.
[373] „Geräten"

Menschenjäger, nach einer weiten Strecke über das Meer, den Flüchtling an Land; er fing ihn mit den Fallen[374] des Prophetenauftrags. –

(45) „Nicht umsonst bin ich überall umhergeirrt[375]! Nicht umsonst   *179* habe ich, von den Flossen des Seeungeheuers angetrieben[376], das Meer durchquert und dabei alles (Mögliche) gesehen. Vielmehr sollte ich (gerade) durch meine Flucht (zu) sehen (bekommen), daß alles Gott gehorchen (muß)[377], und (sollte) der Lehrer des Nicht-Fliehens vor Gott werden.   Denn wird jemand vor Gott fliehen, der nicht (einmal) über die   *180* Grenzen des Meeres fliehen kann? Wird er Gott ungehorsam sein, wenn das Wogen des Ozeans ihm gehorcht? Wird er den Auftrag der Gottheit zurückweisen, ⟨wenn⟩[378] der Leviathan des Meeres dem Auftrag Gottes Folge leistet?   Wird einer verhindern wollen, daß eine Menschenstadt   *181* gerettet wird, wo dieses wilde Tier sich nicht weigert, durch Zurückhalten der Strudel den Erdkreis in seiner Form zu bewahren? Um des Abgrunds willen...[379]; um der Menschen willen (sollte) der Prophet nicht wollen?" So[380] klagte[381] der Prophet.

(46) Doch der Erlöser Aller, der durch seine ärztliche Kunst die Ni-   *182* niviten vor dem Tod gerettet hatte, kam nun zum Propheten, um nach dessen Krankheit zu sehen.   „Was bist du denn so traurig, Prophet?   *183* Dein verzogenes[382] Gesicht zeigt ja schon deine Enttäuschung[383], und deine Haltung[384] verrät[385], in welcher (Gemüts)verfassung du bist. Selbst wenn es *alter* Kummer wäre, der dich bedrückt[386], *jetzt* ist es Zeit, selbst alten Kummer zu begraben[387] und sich (auch) keinen neuen zu

06

---

[374] „Geräten". – Lt. ASA I 577 a wäre diese Stelle „moralisch", d. h. übertragen zu verstehen: ‚mit den Mitteln' oder ‚mit dem Werkzeug'. Es dürfte aber Absicht sein, daß der Text in der Bild- wie in der Sachhälfte der Analogie dasselbe Wort *gorc* verwendet. Die Analogie *hat* etwas Brutales.

[375] „war ich Schnelläufer jedes (Ortes)"

[376] wie oben Anm. 371

[377] *necessitate* (Aucher) ist in Klammern zu denken

[378] von Lewy eingesetzt. – In Auchers Text fehlt (irrtümlich?) das Hilfsverb *ełew*.

[379] längere Korruptele. – Wo im sonstigen Text ὅτε mit ὅτι verwechselt worden sein soll (Lewy S. 46 Anm. 1), vermag ich nicht zu finden.

[380] *k'anzi* = γάρ (resümierend) nicht übersetzt.

[381] denn er hatte all diese Erkenntnisse wider Willen gemacht: Rückgriff auf die Redeeinleitung *160*

[382] *t'axcowt'iwn* von *t'axcim* = σκυθρωπάζω

[383] „Traurigkeit der Seele"

[384] „Gestalt"

[385] *ambastanem* = ἐλέγχω. Auchers Übersetzung dieses Halbsatzes ist wörtlich, aber falsch.

[386] „deine Seele verletzt hat"

[387] „abzulösen". Vgl. Lewys textkritische Vermutung S. 46

184 machen[388].   Siehst du nicht, (daß) diejenigen, die mir früher aus Unwissenheit den Dank verweigerten, geradezu wiedergeboren und durch (deine) Verkündigung zu neuem Leben erweckt (sind, sodaß) sie mir allein die Ehre geben[389]? Warum bloß freust *du* dich nicht über die Änderung ihres Lebenswandels? Warum schließt du dich ihrem[390] Dank

185 nicht an?   Wenn du über die Frömmigkeit der Menschen seufzt, bist du ungerecht; wenn du denen die Rettung neidest, derer (ich mich) angenommen (habe), bist du inhuman[391].

Wenn dich aber verwirrt, daß die Predigt sich nicht bewahrheitete,
186 dann trifft das mich, o Prophet, und nicht dich.   Schließlich hast du ja nicht gepredigt, was du wolltest, sondern wozu du beauftragt wurdest. Ich bin mein eigener Herr[392]. *Ich* habe den Bürgern Ninives die Drohung geschickt – ich hatte die Befugnis, sowohl Gesetze zu ändern[393] als auch ein Todesurteil aufzuheben. Als ich dich predigen schickte, (tat ich es) in (vollem) Ernst, änderte (aber dann meinen Entschluß), um Liebe walten[394] zu lassen.

187   (47) Zwar ist es unmöglich, daß ein Körper die ihm gesetzte(n) Grenze(n) überschreitet; denn wenn er über sie hinausgeht, beraubt er andere ihres Raumes – und befinden sich nicht alle Geschöpfe, jedes für sich, an ihrem Ort[395]? Doch sind alle Grenzen (nur) Zeichen einer einzigen   6[C]

188 Herrschergewalt.   Welchen Bereich aber und welchen Herrschaftsanspruch auf ein Gebiet[396] wird derjenige verletzen, der seine eigenen Grenzen verrückt, wie wir eben[397] gesagt haben? Der nämlich von Anfang an da ist, der hat seinen Herrschaftsbereich als (wohl)vertrauten Besitz[398]; (was) dann später an Gebietsänderungen[399] (erfolgt, sind nur)

---

[388] „anzuziehen"

[389] „Lob bekennen"

[390] Lewys Konjektur ist nur eine grammatische Glättung

[391] *anmardi* = ἀπάνθρωπος (bei ASA ist nur zum Substantiv *anmardowtʻiwn* ein griech. Äquivalent angegeben, das aber korrekt ἀπανθρωπία heißen muß)

[392] *inkʻnakal: qui sui juris est* (ASA)

[393] *šaržel ew šrjel* m. E. Hendiadyoin. Auchers Übersetzung läßt sich anhand der armen. Wörterbücher nicht bestätigen, höchstens durch LSJ unter κινέω [I.1]b, wonach κινεῖν auch ‚erlassen' heißen könnte.

[394] *gol* „existieren" fasse ich hier als Infinitiv auf (und nicht, wie Aucher, als Nomen)

[395] „sind geordnet bezüglich des Ortes" – sofern man *vayr* als *accusativus Graecus* auffassen darf.

[396] „welches Herren Grenzen wird rauben"

[397] *186*

[398] mit Lewys Änderungsvorschlag (im App.); sonst hieße es: „der kennt seinen Herrschaftsbereich", eine weniger klare Antithese

[399] „später Geändertes von fremdem Gebiet"

Verpachtung(en). Wenn dem so ist und hier (der Fall) zweier Gebiete *189*
vorliegt, die einem Herrn gehören – (wie) das Eintreffen[400] der Ankündigung und die Rettung der Niniviten –, dann habe ich (eben) den Re-
spekt, der sich aus dem Eintreffen der Ankündigung (ergeben hätte),
eingetauscht[401] für die Verherrlichung, die (mir) durch die Rettung dieser Stadt (widerfährt).

(48) Vielleicht wirst du dagegen einwenden, Prophet: ‚(Mußtest) du *190*
dich denn *meiner* Demütigung bedienen[402], *meine* Zunge zur Unwahr-
heit gebrauchen und durch *meine* Beschämung dir Ehre verschaffen?‘
| ˙So dürfte deine Rede gemeint gewesen sein. – Ich werde dir (aber) *191*
nachweisen, Prophet, daß ich nicht nur die Gefährdeten gerettet habe –
das war (überhaupt) meine Absicht –, sondern daß ich auch bei der
Durchführung dieses[403] (Plans) dich nicht beschämt habe. Lies[404] nur *192*
deine eigenen Prophetie, und ich werde dir zeigen, daß sie keineswegs
vereitelt worden ist. *Noch drei Tage, und Ninive wird umgestürzt*[405]
(Jona 3,4 LXX) – das war es doch, was du ausgerufen hast? Wäre nun *193*
(Ninive) weder niedergelegt worden noch aus seiner Verkehrtheit zu einem besseren Lebenswandel umgeschwenkt, hätte sowohl ich deine
Predigt (miß)braucht[406], wie auch du dich tatsächlich als Lügenredner
erwiesen hättest. Wenn nun deine Predigt einen ‚Umschlag‘ bedeute- *194*
te, die Empfänger der Verkündigung aber eine Wende vollzogen – was
leidest du dann für überflüssige Schmerzen, wo doch die Predigt in Erfül-
lung ging?

‚Aber die Stadt wurde doch nicht zerstört‘, sagst du[407], ‚weder die *195*
Häuser noch die Stadtmauer!‘ – Das Herz aber und das Leben (wurden

---

[400] „die Wahrheit“ (so auch weiter unten im Satz)
[401] mit Auchers und Lewys Änderung
[402] Ob im Griech. κατεχρήσω gestanden haben muß (Lewy S. 48), kann bei dieser
Übersetzung offenbleiben. Lewys weitere Korrekturvorschläge (im App.) wären nur
grammatische Glättungen.
[403] mit Hs. C
[404] Hier wird anachronistisch bereits das Jona-*Buch* vorausgesetzt. Vgl. *86f.* und
Anm. 112.
[405] Ich übersetze hier das καταστραφήσεται des LXX-Textes, auf dessen Doppelbe-
deutung (wie auch im Urtext *hpk* ‚umkehren/umstürzen‘) der ganze „Beweis“ beruht. *kor-
janem* – so unser armen. Text und die armen. Bibel – heißt nur ‚zerstören‘, allenfalls ‚um-
werfen‘. Im folgenden ist das Schlüsselwort denn auch geschickter gewählt: *šrjem* ‚ich
drehe um‘. Im Griech. mag abwechselnd καταστρέφω und ἐπιστρέφω gestanden haben,
letzteres bekanntlich ein Ausdruck für ‚Buße‘ (vgl. Anm. 235).
[406] Hier dürfte im Griech. κατεχρησάμην gestanden haben (Lewy S. 48; oben
Anm. 402).
[407] so Lewy; in den Hss. heißt es „sprach er“. Aber es handelt sich um einen fingierten
Dialog im fingierten Dialog (vgl. *190*)

gewendet) – jenes durch Frömmigkeit verwandelt, und dieses, ⟨dem⟩[408] die Auslöschung bevorstand, durch (deine Predigt) wiederhergestellt.

196 Steine und Bauwerke einzureißen habe ich nicht nötig! Das Umwer-   60 fen von Mauern wäre[409] (übrigens) eine verhältnismäßig leicht[410] (her-beizuführende) Wandlung: (Mauern) fallen auch unter dem Ansturm von Feinden und Kriegsmaschinen. Boshafte Gesinnung hingegen zum Guten zu wenden – dieser Umschlag ist das Werk einer göttlichen Hand[411]."

197 **(49)** Aber weil er wohl nicht glaubte, durch derartige Argumente[412] (Jonas) Fragen[413] zu lösen und auszuräumen, beschädigte der Herr der Kürbisstaude (Jonas) Schutzdach, entlaubte es und veranlaßte[414] den Propheten zu Jammer und Tränen. Und während (Jona) die Pflanze be-weinte, erschien er ihm und sprach (ihn) an[415]:

198 „Die Kürbisstaude ist dir (wohl) lieb[416], Prophet? Und mir ist das Menschengeschlecht lieb. Die Kürbisstaude schützte dein Haupt; von unten war sie emporgewachsen und hatte sich über dir[417] ausgebreitet. Von unten, aus frommer Ermahnung[418] zehrend, entfalten (auch) die Menschen gottgefälliges Leben[419].

199 Dein Wunsch war, daß Gottes Macht den Boden feucht bleiben läßt[420], damit die Kürbisstaude nicht verdorrt (und) ihr Laub verliert[421]. Da (sollte) ich nicht (zu) verhindern (suchen), daß durch Vertrocknen

200 der Seelen die Körper verkommen? Du wolltest Gottes Macht wir-kungslos sein lassen: urteile nun selbst, dein Mißgeschick vor Augen! Was für ein Mitgefühl hast du mit dieser Pflanze? Nicht wahr, es ist[422]

[408] Lewys Einfügung. Als genus verbi habe ich in der Übersetzung einheitlich das Passiv gewählt.
[409] „hat"
[410] so übersetze ich den Komparativ *diwragoyn*
[411] „(dies) wendet und ändert eine göttliche Hand"
[412] „Worte des Erwägens"
[413] „in den Dingen". So mit Lewys Interpunktion; ich bin mir der Auffassung der Wort-bedeutungen aber nicht sicher.
[414] Tempus von Lewy korrigiert, was angesichts der Tempus- und Numerusfreiheiten unseres Textes nicht unbedingt nötig war.
[415] „gab Antwort"; für ἀποϰρίνομαι ‚ich ergreife das Wort' s. Belege bei W. Bauer
[416] „schön"
[417] das liegt mit in dem Wort *kołmn;* siehe die Anwendungsbeispiele bei Bedrossian
[418] „Worten der Frömmigkeit"; vgl. Anm. 18
[419] „die göttliche Tugend/Lebensweise"
[420] „zur Befeuchtung des Bodens tätig ist"
[421] „blütenlos wird". Laub und Blüten werden in diesem Text mehrfach durcheinan-dergebracht (Katachrese), z.B. *215*
[422] ohne das von Lewy (und Aucher sinngemäß) eingefügte *zi.* Wörtlich: „Ist es nicht angenehm…?"

angenehm, den Schatten einer Kürbisstaude zu genießen! (Sie hat) *201*
von Natur üppiges Laub; die (sich) wechselweise (überdeckenden)
Zweige sind so angeordnet, daß sie Schatten geben[423]. (All) das kommt
von selbst. Denn du kannst nicht behaupten, Prophet, daß der Keim
(dieser) Kürbispflanze deiner Mühe (entsprungen) wäre oder daß du in
der Obhut seines Wachsens[424] Nachtwachen gezählt hättest. (Trotz- *202*
dem) kannst du es nicht ertragen, die grünende, blühende Kürbisstaude
entlaubt zu sehen – die erste Nacht brachte den Keim, und die zweite die
Zerstörung. – Weil du nun in die Pflanze, die du weder gesetzt noch *203*
gegossen noch mit einem Zaun fachgerecht rings umschlossen hast, (lediglich) einen Stecken[425] untergestellt hast, (um) ein Schatten(dach) aus
ihr zu formen, damit ihr Wuchs[426] über dich emporreicht und (dir)
Schatten gibt – darauf beschränkt sich deine Mühewaltung an der Pflanze –, (deswegen) bist[427] du nun, der du die belaubte[428] Annehmlich- *204*
keit fertig vorgefunden hast, voll Kummer, daß[429] der Gegenstand deines Wohlgefallens[430] verschwunden ist. Wäre es dann gerecht gewesen,
Prophet, sich um eine Stadt nicht[431] zu kümmern, (bei der es doch) nicht
um Pflanzen, sondern um vernunftbegabte Menschen (geht)?

(50) Und weil du (doch) den menschenfreundlichen (Gott)[432] predi- *205*
gen[433] wolltest: hättest du denn als großherziger Anwalt der Liebe zur
Kreatur[434], *ich* aber als Unhold gegenüber der Menschheit dastehen[435]

---

[423] „und des Schattens durch die Zweige einer nach dem andern die Anordnung war der
Reihe nach". Hier sind die Casusendungen vertauscht (*schema per casus*, Lausberg
§ 520 f.; vgl. unten Anm. 776.789)
[424] „zur Pflege dieser Pflanze"
[425] mit Lewys Emendation „ein (Schilf-)Rohr"
[426] „der Wuchs der Pflanze"; ich vermeide die im Deutschen unangenehme Worthäu-
fung (vgl. Anm. 262). Konstruktion: *bowsoyn* ist Subjekt; der Genitiv ist durch das Partizip *ankeal* beeinflußt.
[427] „wurdest". Ohne Lewys (mir unverständliche) Emendation
[428] „der Pflanzen", wohl im Sinne von ‚pflanzliche'
[429] ohne Lewys Emendation
[430] „das, was dich erfreute". Ich habe (anders als Aucher) versucht, die kunstvolle Pe-
riode *203–204* in einem Satz wiederzugeben.
[431] mit Aucher beziehe ich *oč'* auf *anaxt linel* (eine sehr künstliche Wortstellung)
[432] „den Menschenfreundlichsten"; mit Lewys Einfügung der Akkusativpartikel
[433] mit der von Lewy (App.) vorgeschlagenen Änderung. Sonst hieße es: „Und weil du
allzu menschenfreundlich gehört werden wolltest"; ‚gehört werden' wäre dann Katachrese
für ‚gesehen werden' = ‚erscheinen' (so Auchers Übersetzung). Lewys Konjekturen geben
dem Text aber erst seine Pointe.
[434] „(als) menschlicher Retter zur Menschenliebe der Unbelebten". Nicht nur vermeide
ich diese geschraubte Konstruktion, sondern auch die im Deutschen nicht als Schmuck
empfundene Häufung von Derivaten desselben Wortstamms (*annominatio*: Lausberg
§ 637.638 1.a): allein unser Satz enthält fünfmal *mard-*.
[435] „als unmenschlich zu den Menschen verkündet werden". – Zu *anmardi* s. Anm. 391

206 sollen?   Bedenkst du nicht, wie vielen Vätern ich – eben aus (Liebe)[436]
     – Kinder geschenkt, wieviel Kinder ich ‚Vater' sagen gelehrt, wieviel
     Frauen ich um der Kinder willen eine leichte Geburt verschafft und wie-
     viel (Kinder) ich (wie) mit[437] einer Hülle aus Schilf in den Gefahren[438]
207 (der Geburt)[439] beschützt habe?   Über dir aber (breitete sich) die Au-
     ßenfläche[440] der Kürbisstaude[441], errichtet ⟨zur⟩[442] stetigen Erhaltung
     der Pflanze, wie eine Wand[443] und bildete nach innen zu die Annehm-
208 lichkeit eines vom Tau (gekühlten) Hauses.   Mit dieser Pflanze, die
     vorzeitig ⟨zugrunde ging⟩[444], hatte ich (doch) Mitleid (und) betrachtete
     sie mit väterlicher Anteilnahme: Nicht anders[445] (pflegte) ich die äußer-
     ste Not der Schwangeren[446] in Erleichterung und Sinnenfreude zu ver-
     wandeln ⟨und⟩[447] mit diesen (Kindern) den (Niniviten ihre) Stadt zu be-
     völkern. Soll ich (nun) diese Gegend verwüsten und den Befehl geben,
     daß die Stadt der Menschen zerstört wird, wo du (bereits) den Verlust
     des Schattens nicht ertragen konntest?
209 (51) Frag doch einen Bauern – wenn du schon aufs Land gegangen[448]
     und vor Städten geflohen bist[449] –, ob man sich um Nutzpflanzen nicht   61
     kümmert, ob man (etwa) an einen Obstbaum die Axt legt, ob man sich
     bei der Pflege eines Setzlings[450] schont, der Wurzeln treiben soll, und ob
     man (etwa) durch leichtfertiges Rütteln (wieder) herauszieht, was eben
210 gepflanzt worden war?   Wird man nicht vielmehr angesichts eines

---

[436] „von hier"

[437] „herumgewickelt habend" (so mit Lewys Änderung)

[438] statt „wieviel zugrunde Gehende ich… beschützt habe"

[439] mit Auchers aus der armen. Glosse entnommener Deutung. – Oder soll hier an Ex.
2,3 ff. angespielt werden?

[440] „das Gesicht"

[441] lies mit Hs. C (und Auchers Übersetzung) den Genitiv

[442] Lewys Einfügung

[443] „glich der Gestalt einer Wand". – Diese Übersetzung ist nur ein Versuch. Aucher
scheint den Text öfters stillschweigend abzuändern. Die eine ausdrückliche Änderung (*es*
statt *sa* 208 Anfang) übernehme ich nicht.

[444] Lewys Einfügung; vgl. dessen Rückübersetzung S. 47

[445] „und"

[446] „habe ich den Aufnehmenden die Not der zugrunde Gehenden… verwandelt".
Lewy S. 48 erklärt *andownołac'n* als Fehlübersetzung von τῶν ὑποδεχομένων; ὑποδέχεσ-
θαι kann (siehe Lampe) auch ‚(geschlechtlich) empfangen' heißen.

[447] Lewys Einfügung

[448] Auchers und Lewys Emendation

[449] Der Prediger erlaubt sich hier einen kleinen Witz (Lausberg § 257 2.a), eine komi-
sche Anspielung an Jonas Flucht vor Ninive (oben *20ff.* und *157f.*)

[450] „einer Pflanze"

wachsenden Pflänzleins[451], das nicht (recht) hochkommen (will)[452], viel Fleiß aufwenden und es (sozusagen) beknien[453] und mühsam hochpäppeln? Je mehr Schäden es von außen[454] zugefügt erhielt[455], um so größere Pflege (wird) der Gärtner ihm angedeihen lassen, damit es seine eigenen Kräfte sammelt und seine Dürftigkeit sich in Fruchtbarkeit verwandelt.

Fällt dir nicht auf, wie die Bauern eine verdorrende Pflanze bewässern, indem sie entweder mittels einer Erdrinne dem Wasser leichte(re)n Zugang verschaffen[456] oder rings um den Baum einen Trichter anlegen[457], damit sich darin das Wasser sammelt[458] und den Baum, der (selber) kaum Tau empfängt, versorgt[459]? Beobachtest du nicht, wie sie den am Boden kriechenden und niedergebeugten Ästen künstlich Stöcke unterstellen, um die Last der Früchte emporzuheben, und wie sie Nutzpflanzen veredeln[460]? Wozu tun sie das (alles)? Um zu verhüten, daß sich ihre Arbeit als vergeblich erweist.

(52) Wenn nun die Bauern ihre Mühe nicht aufs Spiel setzen[461], sondern abzusichern trachten[462], soll *ich* die Bürger Ninives und (damit den Erfolg meiner) Predigt bei ihnen vernichten[463]? Schließlich erweisen sie sich jetzt als überaus folgsam! (Nachdem) sie sich (erst) geweigert hatten, den wahren Retter zu ehren, waren sie dazu bereit, als er zum Verderber wurde. Wie hätten sie (da) nicht das richterliche Urteil mildern und in ein rettendes (Wort) verwandeln[464] sollen? Glaube ich doch auch, daß ein Bauer[465] – und mit diesem Beispiel dürfte ich (dich)

211

212

213

214

215

1

---

[451] „einer pflanzlichen, sich nährenden Natur"

[452] „bei dem (oder: für das) schwindende(n)"

[453] statt des Anthropomorphismus *olok‘el* ,schmeicheln, gut zureden', der mir im Deutschen nicht so verständlich erschien

[454] „von Äußeren"

[455] im Armen. Wechsel zum Plural – vgl. Anm. 44

[456] mit Lewys Änderung

[457] mit der von Aucher aus der armen. Glosse übernommenen etymologischen Deutung von *bažakem* = ,ich mache einen Kelch *(bažak)'*. Sonst heißt *bažakem* schlicht ,ich bewässere'. – Vgl. noch Auchers Fußnote zu diesem Wort in Philons *Quaestiones et solutiones in Genesin* I 14 (im selben Band wie *De Jona*, S. 12).

[458] Lewys Emendationsvorschlag (im App.) wäre nur eine grammatische Glättung

[459] „wärmt" (Katachrese). – Subjekt dieses Nebensatzes ist im Armen. immer noch *erkragorck'* ,Bauern'

[460] „wie sie das Nützliche der Pflanzen pfropfen"

[461] „zerstückeln" (übertragen: „zerstören")

[462] „unversehrt bewahren"

[463] mit Lewys Textänderung. Hss.: „ich schickte" (sinnlos)

[464] „(als) etwas Rettendes erwerben"

[465] „eine Bauernexistenz"

überzeugt haben –, der auf den Ertrag eines Baumes[466] (nicht mehr)[467] hofft, sich (zwar) daran macht, auszureißen, was er gepflanzt hatte; wenn er (dabei aber) Knospe(n) sieht, die kurz vor dem Aufplatzen sind[468],

216 wird er (ihn) um der Früchte willen unversehrt lassen.   Völlig zu Recht! Denn einen Baum, der nutzlos ist, fällt man; bringt er aber Früchte, läßt man ihn stehen[469].

Auch die Niniviten waren einst ohne Früchte der Frömmigkeit. Sie kannten nicht[470] die Frucht der göttlichen Gerechtigkeit[471], und die

217 Ehre, (die dem) Schöpfer (gebührt), erwiesen sie dieser Welt.   Aber jetzt geben sie nicht mehr der Natur[472] den Dank für (ihre) Früchte und halten der wärmenden (Kraft der) Elemente keinen Gottesdienst mehr, sondern sie bekennen sich dazu, den Geber der Früchte für die Früchte zu ehren, und haben sich verpflichtet, statt dieser Welt (ihren) Baumeister anzubeten.

218 **(53)** Wie könnte ich also denen gegenüber, die ihr Leben geändert haben, unverändert das (einmal) verkündete Todesurteil durchhalten? Wenn ich[473] über den schlimmen Lebenswandel der Menschen ein erbarmungsloses Wort habe ausgehen lassen, werde ich jetzt über das

219 gottgefällige Leben ein freundliches Wort aussenden.   Denn wie jene (frühere) Lebensweise eine harte Predigt verdient hatte, so (verdient) umgekehrt die Buße der (Niniviten) die (Predigt) von (Gottes) Menschenliebe[474].

---

[466] *caṙoyn* ist vor *yormē* zu denken. Die Konstruktion ist ein a.c.i.: „Ich glaube auch einen Bauern... sich daranzumachen (und)... unversehrt zu lassen.“

[467] Mit Lewys Rückübersetzung (S. 48) ἀπήλπισεν

[468] „die Knospe der demnächst ausschlagenden Blätter“. Ich würde aber Blütenknospen erwarten: vgl. Anm. 421

[469] „bleibt er am Leben“. Die vorwiegend nominale Ausdrucksweise dieses Satzes habe ich umformuliert.

[470] Auchers *denegabant* ist vielleicht ein Lapsus für *ignorabant*

[471] so wörtlich; was gemeint ist, erhellt aus dem unteren Kontext

[472] „in die Natur der Dinge“. *i* (εἰς) mit Akkusativ ist ein Ersatz für den bloßen Dativ (W. Bauer Sp. 455 εἰς 4.g). Klaus Berger (ZNW 68, 1977, S. 266) verkennt diese Konstruktion und verwandelt den Satzteil kontextwidrig in eine Frage. Auch die abwegige Wiedergabe von *ašxarhis* mit „Geschöpfe“ dürfte auf die Verkennung des Demonstrativsuffixes *s* („*dieser* Welt“) als Akkusativ-Plural-Endung zurückgehen.

[473] „wir“ – vgl. Anm. 44

[474] „die Menschenliebe (zu predigen)“; *kʻarozel* ist hinzuzudenken. Sonst muß man mit Lewy ändern „die (Predigt) der Menschenliebe“.

2

(Ps.-)Philon:

Über Jona[475]

(Fragment)

(…) Es war ein schreckliches Gericht auf dem Meere zu sehen: Gerichtshof war das Schiff, Richter die Seeleute, Folterknechte und Henker die Winde, Angeklagter der Prophet; das Gefängnis, (worin er) festgehalten (wurde, war) das Ungeheuer, Ankläger das Meer und das Schäumen der Wellen die[476] klar(st)e Anklage- und Scheltrede – wie mit Zähnen knirschend sprang[477] und schäumte ja das Meer über (ihm)[478]. Wie Richter fragten daher die Seeleute: *Woher bist du, aus welchem Volk, und was ist deine Tätigkeit?* (vgl. Jona 1,8)

Als sie (das) erforscht und gehört hatten, fielen sie nicht über den Gerechten[479] her, sondern ließen, ganz im Gegenteil, denjenigen, der gerichtet wurde, (selbst) zu Gericht sitzen. Sie sprachen: „*Was sollen wir mit dir machen?* (Jona 1,11) – richte (und) entscheide du! Wir wollen über einen Diener Gottes kein Todesurteil aussprechen." Er aber sagte: *Nehmt und werft mich (hinaus)!* (Jona 1,12) – das heißt soviel wie: „ich habe mich euch (als) Feinden ergeben; werft *ihr* mich hinaus! Es ist nicht erlaubt[480], sich selbst ins Meer zu stürzen. Mit den Füßen bin ich geflohen; mit Fingern (und) Händen werde[481] ich preisgegeben. Auf der Erde (konnte) ich mit großen Schritten fliehen; auf dem Meer bin ich von einem unentfliehbaren Los überführt worden. Werft mich! Denn ich

---

[475] Den Titel gibt Aucher nur in der Fußnote (S. 612, Anm. 1)

[476] „seine"

[477] mit Auchers Tilgung des *w* in ǝn*d̦o(w)stelov* (S. 612 Anm. 2)

[478] Hier könnte ein mit ἐπι- zusammengesetztes griech. Verbum zugrunde liegen, das ein Objekt entbehrlich machte. (*eum* bei Aucher wäre auch einzuklammern.) – Die Konstruktion habe ich vereinfacht; die Bildvermischung mußte ich freilich beibehalten.

[479] sic! Vgl. oben Anm. 81

[480] „ungesetzlich"

[481] „wurde"; ich nehme jedoch an, daß diese Stelle nicht nur auf die Abstimmung (vgl. *De Jona 46*) anspielt, sondern auch vorgreift auf das Hinauswerfen Jonas aus dem Schiff.

dachte nicht an den[482], der einst den widerspenstigen Pharao[483] vernichtet hat, wie ich auch bei meiner Flucht über die Erde nicht daran dachte,
daß er einst die aufrührerischen[484] Korachiten lebend verschütte-
te (…)" (…)

---

[482] „kannte den nicht", aber Aorist; daher diese Übersetzung hier und an der nächsten
Stelle
[483] Metonymie (Lausberg § 565.568 1.c) für ‚Heer des Pharao' (vgl. Ex. 14,28)
[484] „den Rücken schüttelnden" – über diese Redewendung geben Wörterbücher und
Konkordanz keine Auskunft (vgl. aber Ciakciak 1119 c *xstacʻowcʻanel zoln* ‚hartnäk-
kig/widerspenstig sein'); ich übersetze frei nach Num. 16.

(Predigt) ohne Vorbereitung

Über Simson

(1) Fortgerissen vom Strom der Sinnenlust und versunken in einen Abgrund der Begierde, konnte er also nicht mehr aufblicken, sondern wurde ganz der (Besitz seines) Triebes[485]. Eine Frau zwang ihn, als wäre sie ein strenger[486] Richter, zum Geständnis der Wahrheit. Eine Frau errichtete die Begierde wie einen Balken[487], (um) daran die Triebe als Riemen (anzu)nageln (und) an ihnen den Gefangenen hochzuziehen.

Wie sie ihn so baumeln ließ[488] und (seinen Widerstand) mit listigen, zarten, verführerischen Worten brach[489], drang sie mit den Zwangsmitteln der Triebe dem jungen Mann bis ins Innerste[490]; und was ihm mit vernünftiger Überlegung leicht gewesen wäre, vermochte er, von der Begierde gefangen, nicht (mehr). Unaussprechliche Gedanken begann er auszuplaudern; er sagte: *Ein Schermesser soll nicht auf mein Haupt kommen* (Ri. 16,17 LXX Cod. A).

Die Frau, die ihn schamlos auf (ihren) Knien einschlafen ließ, ruft den Haarschneider; und nachdem sie ihm erst den Anstand abgeschoren hat, stutzt sie (ihm) anschließend auch die Stärke. Den sichtbaren Haarschneider begleitete nämlich auch der intelligible[491] Barbier[492], Satan: dieser schnitt samt den Haaren auch die Stärke ab und machte (Simson) einem beliebigen sündigen Menschen gleich. –

(2) Zum Vollbringen großer Taten ist Stärke nötig. Wir[493] aber be-

---

[485] Der armen. Text hat wieder „der Begierde". Der Abwechslung halber übersetze ich *c'ankowt'iwn* im folgenden unterschiedlich.

[486] „zurechtweisender"

[487] „Holz"; vgl. *xač'ap'ayt* ‚Kreuzesholz, Kreuzesbalken'

[488] „hochgezogen hatte"

[489] „und ihn... löste"

[490] „bis ins Innerste der Eingeweide"

[491] *zgali/imanali* entspricht αἰσθητός/νοητός (ASA)

[492] Das bei Aucher kursiv gedruckte *c'* ist offenbar zu tilgen.

[493] *mez* ‚uns' hätte am Ende des Satzes *karōteal ē* ‚ist nötig' gefordert und wurde darum von Aucher in Klammer korrigiert. Es könnte sich aber um ein wenigstens im Griechischen zulässiges Anakoluth gehandelt haben.

dürfen zum Erzählen wunderbarer Ereignisse der Weisheit. Simson empfing Kraft, um den an Taten Großen[494] zu erweisen; so wollen wir von dem, der ihm die Kraft gab, unsererseits Weisheit erbitten, um das, was Simson durch Kraft bewirkte, den Zuhörern mit Weisheit darzubieten. Sollten wir uns nämlich in dieser Rede als oberflächliche und planlose Ausleger[495] verläßlicher Geschehnisse erweisen, hätten wir zwar nicht Simsons Stärke gemindert, (wohl) aber der Gnade Gottes Unrecht getan[496].

(3) Nun (pflegt) Gott in anderen Wundertaten nur eines von allen[497] zu vollbringen: entweder zeigt er seine Macht, oder er verkündet seine Menschenliebe, oder er offenbart seine Herrschaft, oder er lehrt seine Langmut, oder er schildert die Güter, die zum Genuß der Gerechten aufbewahrt liegen, oder er kündigt auch das Gericht an, das für die Sünder bereitgehalten wird. Daß aber durch Simson Gott seine ganze Macht[498] zeig(en würde) samt seiner Menschenliebe, ließ er (schon) an den Gaben erkennen, die er dem noch Ungeborenen verlieh. Denn daß er nach seiner Geburt das Wohlgefallen des Lebendigen Gottes fand, ist offenbar Belohnung (dafür), daß er (seine) Stärke zum Zwecke gerechten Handelns[499] erhielt. Weil er erst noch gezeugt und im Mutterleib[500] verborgen war und das Geschenk von oben schon eher ,zur Welt kam'[501], als diejenige, die (ihn) empfing[502], geboren hatte, sind die Gnade und das Geschenk der (göttlichen) Menschenliebe *nicht* (Belohnung) für gerechtes Handeln.

(4) Seine Kraft zeigte (Gott) erneut, indem er ihm Stärke verlieh, (mit) der (er)[503] allen überlegen war; und die Macht seines Wirkens[504] legte er überzeugend dar durch (all) das, worin er ihm Übermacht über Angehörige fremder Völker gab. Denn es ist doch klar, daß diejenigen, die die Verehrer fremder Götter überwinden, samt ihnen auch ihre hö-

45 (right margin: 55)

---

[494] Auchers Übersetzung „große Taten" übersieht die Endung von *gorcoc'*
[495] im Armen. verbal ausgedrückt: „zum Zeigen…"
[496] *zrpartem* = συκοφαντέω (ASA)
[497] „den anderen"
[498] *aŕak'inowt'iwn* = ἀρετή; ich finde keinen besseren singularischen Sammelbegriff
[499] *ardaragorcowt'iwn* = δικαιοπραγία (ASA). – Der Satz ist im Armen. so verschlungen, wie ich ihn hier wiedergebe.
[500] „in den Wehen in der Mutter" (Katachrese)
[501] „geboren wurde", was übertragen zu verstehen wäre – oder man nimmt unsere dt. Resensart ,zur Welt kommen' wörtlich!
[502] *əndownoł* von *əndownim;* dazu vgl. oben Anm. 446.
[503] „die"
[504] *nergorcowt'iwn* = ἐνέργεια (ASA)

heren[505] Helfer besiegen! – (Wen) aber (Gott) angenommen hat – endgültig und unaufhebbar[506] –, (den) wird (man) an den Gaben erkennen, die er ihm verlieh. Er hat aber auch sein Kriterium bekannt gemacht[507]: Solange der (Erwählte) seinen Auftrag unverletzt einhält, bewahrt ihm auch Gott seine Gnade unversehrt. Verstößt er aber gegen seine Aufgabe, läßt er ihm zwar seine Gnade nicht hinfällig werden[508], vollzieht aber an[509] ihm das Gericht wegen seiner Verfehlung. Danach kommt er auf seine Menschenliebe wieder zurück; doch verleiht er ihm nicht mehr alle Gaben – denn es wäre[510] nicht gerecht, wenn die Niederlage[511] auch noch gekrönt würde –, sondern er gibt sozusagen nur noch einen Tropfen Gnade, um das für die Zukunft todbringende Gerichtsurteil aus äußerster Liebe zum Menschen (noch) abzubiegen und seine Gnade nicht bis zuletzt verlöschen zu lassen.

Doch um nicht von der Rede abzuschweifen, die wir uns vorgenommen haben[512], und für einen anderen Zweck Worte zu verbrauchen, wollen wir zu unserer versprochenen Predigt[513] und zum Anfang der Geschehnisse zurückkommen.

(5) Simsons Eltern hatten lange Zeit zusammengelebt und Frücht(e) ihres Zusammenseins erstrebt, aber nicht erreicht. Unfähig wartete die weibliche Ackerscholle; sie nahm den Samen auf, ließ aber keinen Ertrag wachsen. So wie ja[514] auch die Erde, wenn sie trocken und unfruchtbar ist, Gottes Einwirken[515] und Wasserströme von oben nötig hat, so bedarf auch die Erde der Frau, wenn sie ihre Frucht verweigert, der göttlichen Quelle[516] und Gnade. – Was nun ein fähiger, überragender[517]

---

[505] „vorsitzenden/Aufsicht übenden" (oder ähnlich); vgl. oben Anm. 24

[506] „und (das) Endgültige und Unaufhebbare der Annahme"

[507] Doppelpunkt statt *ayspēs zi* „so, daß"

[508] *t'oḷowm* = ἀφίημι (vgl. ASA) frei übersetzt

[509] „fordert/nimmt von ihm"

[510] „ist" oder (nach Auchers Hs. C) „war"

[511] so (gegenüber Aucher) wörtlich; Synekdocke für ‚der Unterlegene'

[512] Zur Bedeutungsbreite von *owš kam* siehe ASA II 552c; es muß keine vorherige Einprägung ins Gedächtnis gemeint sein (wie man Auchers Übersetzung auffassen könnte)

[513] „zum Versprechen dieser Rede"

[514] statt „diese Erde". Man könnte auch übersetzen ‚die wirkliche Erde'

[515] *ayc'eḷowt'iwn* = ἐπισκοπή, ἐπίσκεψις (ASA), was man früher mit ‚Heimsuchung' übersetzt hätte.

[516] *akn* kann ebenso ‚Auge' heißen; nur um des Femininums willen habe ich ‚Quelle' bevorzugt. Diese Doppeldeutigkeit (die auch in semitischen Sprachen zu erzielen wäre) hat durchaus Sinn; nur daß sie schwerlich auf ein griech. Original zurückgeht.

[517] *law* und *veh* sind doppeldeutig: zugleich bevorzugte Gottesprädikate (vgl. Anm. 582). Das gilt ebenso von dem folgenden *verakac'ow* (vgl. Anm. 24)

52

(Wirtschafts-)leiter ist, etwa ein erfahrener Landwirt, der reißt aus und schafft beiseite[518], was (die Erde) in ihrem Zustand beharren ließ, und macht sie tauglich und geschmeidig[519] für den Sämann. Gottes Gnade aber wird seiner Natur das Gedeihen des Samens schenken.

(6) Der menschenliebende Gott nun, der die Unfähigkeit dieser Menschennatur sah, schickte einen Engel, einen Freudenboten[520], wie es schien, der der Unfruchtbaren ein Kind verheißen sollte; in Wahrheit aber gab er mit unsichtbarer Kraft der Natur die Anweisung, das (noch) Ungesäte aufzunehmen. Denn (deswegen), glaube ich, wurde solcherart durch Anweisung und als Geschenk einer Stimme Gottes und des Dienstes von Engeln das Menschen(kind) geboren, weil es aufgrund göttlicher Gebote[521] (seinen) Dienst verrichten sollte. Um nicht etwas Fremdes[522] für seinen Dienst beiseite zu nehmen, schenkt es der Gott des Universums als Anteil von oben denen, die (von sich aus) nicht dazu kommen konnten[523]; und die irdische Mutter[524] nimmt die Wort-Schöpfung[525] des Gezeugten[526] in sich auf[527]. Den Eltern, den Werkzeugen[528] der Geburt, gönnt er den Stolz, ein Kind zur Welt gebracht zu haben – es war ja nichts Geringes, daß der Makel der Kinderlosigkeit durch die Geburt eines Nachkommen behoben wurde. Er aber, der Bildner[529], be-

55

---

[518] im Armen. umgekehrte Reihenfolge der Verben (ὕστερον πρότερον)

[519] *ardak* = χυτός (ASA) ‚schmelzbar‘. χυτός kommt im (echten) Corpus Philoneum zweimal vor, davon einmal (*De spec. leg.* I 300) in dem hier vorliegenden übertragenen Sinn.

[520] *awetaranakan* entspricht einer Ableitung von εὐαγγελ-

[521] So kann man vielleicht den Instrumentalis übersetzen, ohne (wie Aucher) auf die Randlesart der Hs. A (Lewys Hs. D) „den göttlichen Geboten dienen sollte“ (Dativ) auszuweichen (vgl. Aucher S. 552 Anm. 2)

[522] „das Fremde/den Fremden“

[523] „nicht finden“; vgl. W. Bauer εὑρίσκω 2. und unten Anm. 726.838

[524] „diese Erzeugerin“. Mit ASA I 435 c (unter *banararowtʻiwn*) deute ich diese Stelle auf die Mutter, *s* also als Demonstrativsuffix und die Konstruktion als nominativus absolutus (Jensen § 494).

[525] So darf man vielleicht *banararowtʻiwn* etymologisch übersetzen. ASA gibt nur die Bedeutung ‚Dichtung‘; das wäre griech. ποίησις, ein bekanntlich vieldeutiges Wort. Vielleicht stand aber im Original ausdrücklich τὴν λόγῳ ποίησιν oder τὴν λογοποίησιν in dem innovatorischen (Lausberg § 1237 II) Sinn nicht von ‚Dichtung‘ (so LSJ), sondern von ‚Wort-Schöpfung‘.

[526] *cnicʻeloyn* ist, wenn man sich an die bei ASA unter *cnanem* aufgeführten Formen halten will, nur vom Partizip *cnicʻeal* (etwa = γεγεννημένος) abzuleiten. Wie Aucher die verschiedenen Formen in diesem Satzteil analysiert, ist mir unerfindlich.

[527] lies mit ASA a.a.O. (oben Anm. 525) *arankaleal* in einem Wort (= προσλαβόμενος)

[528] das in diesem Wort überflüssige *w* ist zu streichen (wohl Druckfehler bei Aucher)

[529] „Künstler“ (vgl. Anm. 249). Gott ist gemeint, wie die Gegenüberstellung ‚Werkzeug‘ – ‚Bildner‘ (beide Male mit vorgesetztem *ibrew* ‚als‘) erweist (gegen Aucher)

dient sich[530] der Wort-Schöpfung des Kindes zur Befreiung des ganzen
Volkes[531].

(7) Ich muß mich (über all das) wundern. Wie die Ärzte, die mehr mit
Weisheit als mit Kunst bei der Heilung der Menschen zu Werke gehen,
die körperliche Beschaffenheit der Patienten erkunden, um (erst) die
(eigenen) Kräfte der Kranken einzuschätzen, (ehe sie) die Mittel an-
wenden, die zur Heilung führen, so heilt auch Gott die Beschwerden derer, die an der Seele krank sind; er gibt ihnen keine wirkungslose[532] oder
ungeeignete Medizin. Warum (wohl) ist die Ankündigung, daß die unfruchtbare Sara ein Kind gebären werde, an Abraham ergangen, während *hier* die Frau es ist, die den Verheißung bringenden Boten empfängt? Weil dort der Mann eher als die Frau bereit war, der Sache Glauben zu schenken; hier aber war die Frau Manoahs diejenige, die bereit-
williger glaubte[533].

(8) Nachdem der Engel also der Frau die Verheißung gebracht und
sie zusätzlich angewiesen hatte, sich vom Rausch fernzuhalten, schied er
(von ihr) und ließ[534] sie im Geiste schwanger durch gute Hoffnung, selbst
ehe sie es im Schoße war.

Als ihr Mann zurückkam, erzählte (ihm) die Frau von dem Gottesbe-
such und von der Erscheinung des Engels, sagte aber, sie wisse nicht, wer
es sei, den sie gesehen habe, und wo er etwa wohne; nur die Würde[535],
(die) das helle, leuchtende Gesicht und die vornehme Gestalt des Engels
(ausdrückten), und seinen Glanz habe sie gesehen. „Denn“, (sagte
554   sie,)[536] „ich konnte es nirgends sonst erfahren, von wem (er kam)[537], den
ich sah; und (über) seine Art und Herkunft[538] (konnte) ich (nur) Vermu-
tungen anstellen[539]. Durch (seine) Größe schien[540] er ein Mann Gottes,

---

530 „nimmt an“
531 „zur gemeinsamen Rettung (*p'rkowt'iwn*, vgl. Anm. 350) des Volkes“
532 „reine“; ich nehme aber an, der Übersetzer hat fälschlich ἄκρατος statt ἀκρατής gelesen
533 ein Widerspruch zu 6 (Anfang), der sich nicht wegübersetzen läßt; m. E. ein Anzei-
chen, daß die Rede tatsächlich unvorbereitet gehalten wurde. Vgl. Anm. 622
534 „hatte... gemacht“
535 *parkeštowt'iwn* hier wohl = σεμνότης (vgl. ASA)
536 der armen. Text wechselte schon mitten im vorigen Satz in direkte Rede
537 *i nmanē* fasse ich auf wie ἀπὸ τίνος (ἦν)
538 „Wohnung“
539 „verglich ich“; doch dürfte *nmanec'owc'anem* für griech. εἰκάζω stehen
540 zur Endung *-iwr* siehe oben Anm. 213

durch den klaren Schein (seines) Gesichts aber[541] ein Himmelsbürger
(zu sein); (er war) wie mit Strahlen der Sterne[542] bekleidet."

(9) Als (das) Manoah hörte, freute er sich[543] über die Hoffnung auf
ein Kind, und in seinen Ohren (klang) die herrliche, erhabene Botschaft
(ganz) wunderbar[544]. Er rief den Engel flehentlich an, wiederzukom-
men: er wollte Augen- und Ohrenzeuge seiner (Botschaft) werden[545].
(Gott)[546] aber war seiner Bitte schon zuvorgekommen. Er befahl (dem
Engel), und der erschien der Frau nochmals auf dem besäten Acker, wo
sie saß. Auch das war ein Zeichen der Wahrheit: daß der Acker der
(Frau) besät war, deutete die Saat auf dem äußeren Boden symbolisch
an. – Während nun[547] die Frau von dem herbeigeeilten[548] Engel sich an
Schnelligkeit (noch) etwas borgte, und, ihren eigenen Lauf übertreffend,
mit Vogelgeschwindigkeit zu ihrem Mann eilte, blieb der schnelle, lüfte-
durchschreitende[549], Sonne und Mond überholende[550] Engel (stehen
und) wartete solange auf den Ehemann der Frau. So viel von seiner
Milde und Menschenfreundlichkeit hatte Gott schließlich (auch) in den
(Engel) gesät. (Das ist auch gar) nicht zu verwundern; denn wenn
(schon) der Mensch nach dem Abbild des göttlichen Angesichts geschaffen wurde, ist erst recht dem Antlitz der Engel ein um so größerer Anteil
an Gottähnlichkeit eigen[551]. Je näher sie an Gottes Wohnung heranrei-
chen[552], um so näher[553] kommen sie auch seinem Bilde. –

---

[541] *isk* ist, wie δέ, eine schwache Disjunktion. Wie weit ‚Gottesmann‘ und ‚Himmelsbürger‘ (vgl. Ri. 13,6 ‚Gottesmann‘ und ‚Engel Gottes‘) hier als unterschiedliche Qualifi-
kationen angesehen werden, vermag ich nicht zu entscheiden.
[542] *lowsawor* (Substantiv) = φωστήρ (ASA)
[543] pleonastisches „im Gemüt“ weggelassen
[544] „mit dem Gehör (oder: den Ohren) über die herrliche Erhabenheit (*parkeštowt‘iwn*
siehe Anm. 535) des Wortes erstaunt“. Es entspricht sich *ew yogisn – ew lseleōk‘* „sowohl
im Gemüt (siehe Anm. 543) – als auch im Gehör“, ein Manierismus, den nachzuahmen
mir nicht gelang. Auchers Übersetzung von *lselik‘* mit ‚Gehörtes‘ dürfte der genannten
Entsprechung wegen falsch sein.
[545] Rückübersetzung: αὐτόπτης αὐτοῦ καὶ αὐτήκοος θέλων γενέσθαι, einfacher übersetzt: „er wollte ihn selbst sehen und hören“.
[546] „Er“. Daß es Gott sein muß, geht aus „er befahl“ hervor (*hraman tay* heißt nicht, wie
Aucher übersetzt, ‚er empfängt den Befehl‘, sondern ‚er gibt den Befehl‘). Vgl. Ri. 13,9
[547] *k‘anzi* = γάρ für die Wiederaufnahme des Erzählfadens. Vgl. Anm. 132
[548] „zuvorgekommenen“
[549] *ōdagnac‘* = ἀεροπόρος (ASA; der Akzent ist dort zu korrigieren)
[550] „welcher schneller war als Mond und Sonne“
[551] „wurde … gegeben“
[552] oder, aber gezwungen: „Je näher (bei) Gott sie eine Wohnung erlangten“ (vgl.
Auchers Übersetzung). *hasanem* im Sinne von ‚ich erlange‘ kann gelegentlich auch ein Objekt im Gen./Dat. haben: Beispiele bei ASA II 50 b *hasanem* 2. Absatz.
[553] ebenfalls Pleonasmus: „umso mehr werden sie auch … näher“

(10) Ich habe (so) ausführlich gesprochen, liebe Freunde[554], um (meinen Gegenstand) zu preisen; denn eine Lobrede über die (Engel) ist eine Verherrlichung der Gottheit. Wer ein wohlgeformtes Standbild lobt, (bringt damit) noch größere Bewunderung für das lebende Modell (zum Ausdruck), an dem die Kunst das Vorbild nahm, (um ihre) Formschöpfung hervor(zu)bringen. (Das Modell steht) über dem Lob des Kunstwerks, dessen Ausdruck[555] die ursprüngliche Schönheit nicht faßt.

(11) Nachdem (nun) Gottes Menschenliebe gezeigt wurde, der Gehorsam des Engels, die Bereitschaft der Frau (und auch) der gute Wille des Mannes, und sie alle beisammen sind, der Geber des Auftrags und die Empfänger, wundere ich mich wiederum über die sanfte, geschickte Verhaltensweise[556] des Engels. Er erschien beim zweiten Mal nicht in seinem vorigen Aussehen und begegnete Manoah nicht so, wie er der Frau erschienen war, sondern er kam und stand als ein für menschliche Augen (erträglicher) Anblick[557] – nicht wie der Lichthof der Sonne, (der) die Hineinblickenden mit Strahlen blendet[558]. Hier zeigte er sich Manoah in gemäßigtem Äußerem – geschickt, wie ich sagte, und zweckdienlich. Denn wo es um eine Verheißung ging, um ein Geschenk und eine Beschenkte, war es (für ihn) richtig, die Größe anzunehmen[559], (die) dem Geschenk entsprach, damit er durch Großes großen Glauben erhielte. Wo es sich aber nur um gewöhnliche Worte und um ein einziges Gebot (handelte), war eine nicht erschreckende Erscheinung um des zu Sagenden willen nötig, damit die Furcht nicht die Erinnerung an das Gebot überdeckte. – Jedenfalls hat der Engel, wie ich denke, seine Erscheinung aufgeteilt nach den zwei Charakteren: sowohl der Frau wie auch dem Mann zeigte er sich so, wie (sie es jeweils) ertrug(en)[560]. Und daß er sich so den beiden zeigte, dafür (kann) ich die Schrift als Beweis anführen. Bei der Frau heißt es, wo sie das Aussehen[561] des Erschienenen beschreibt: *Ein Mann Gottes ist zu uns gekommen; sein Anblick war wie der Anblick eines Engels* (Ri. 13,6). Und wie heißt es (bei) Manoah? *Manoah erkannte nicht, daß es ein Engel des Herrn war* (Ri. 13,16).

---

[554] *ov sirelik'* = ὦ ἀγαπητοί
[555] „da ja das Gesicht…"
[556] „Dienstleistung"
[557] „sichtbar" (in Auchers Text mit einem Satzakzent versehen, d. h. im prägnanten Sinn zu nehmen)
[558] „schlägt"
[559] „an Größe erhaben zu sein"
[560] „wie er konnte" (mißverständlich)
[561] „die Natur" (das widerspricht aber, genau genommen, Abschnitt 8)

(12) Also (rührte) das Wissen der Frau (von) dem Glanz (seines) Äußeren und von (seiner) schrecklichen Größe, die Unwissenheit des Mannes aber (von) der Einfachheit des Aussehens und (seinem) milden Anblick her[562]. Der Milde aber – und wahrhaft, (er war) mild – (war derselbe), der vorher, beim ersten Mal, um der Frau willen gesandt worden war. Wie ein Diener des Königs die Nachricht von einem Sieg über die Feinde bringt, so brachte der Engel der Frau die Botschaft, daß der Bann ihrer Unfruchtbarkeit[563] gelöst sei. So (war es) das erste Mal bei der Frau. Dann aber, als er zum zweiten Mal vom Mann herbeigerufen wurde, war er nicht stolz und zögerte nicht zu ertragen, was ihm (eigentlich) nicht zukam. Als dann der Mann herzulief und (ihn) nicht in seiner vollen[564] Herrlichkeit gegenüber hatte, fragte er ihn geradezu geringschätzig, wer er sei und woher. „Kommst du jetzt zum ersten Mal oder, wie die Frau sagt, zum zweiten Mal?"[565] – (Der Engel) tadelte nicht Manoahs Keckheit, entzog sich auch nicht den vielen Fragen, (sondern) begann, dem Frager folgendermaßen Auskunft zu geben:

(13) „(Ich), den du jetzt vor dir siehst und den deine Frau (bereits) sah, bin ein Bote[566], der euch einen Zuwachs ankündigt. Der Helfer[567] aller Bedrängten, der allein die Macht hat, Not zu beheben und der Natur zu gebieten, sah, daß eure Ehe durch die Widerspenstigkeit der Natur unfruchtbar blieb. Darum schickte er mich mit doppeltem Auftrag: die verschlossene Tür des Organismus[568] zu öffnen und (euch) den Herzenswunsch nach einem Kind zu erfüllen. – Die (ihr)[569] nun ein Geschenk erhalten habt, zu welchem Gegengeschenk seid ihr verpflichtet? Das Gebot des Seligen[570] zu halten; und dieses (Gebot) lautet: Die Mutter muß den Rausch meiden und das Kind[571] das Schermesser. Klar und nüchtern muß die Frau bleiben, die denjenigen gebären soll, der zu großen Taten bestimmt ist. Der Mann aber (darf) nichts (Scharfes)[572] über

---

[562] „Wenn dem folglich so ist, (sagt die Schrift) über das Wissen der Frau das Glänzende des Äußeren … (aus)"

[563] „die unfruchtbare Natur"

[564] „gebührenden"

[565] „Machtest du dieses Kommen zum ersten Mal oder…?"

[566] statt „und ich kam"

[567] „Aufseher"; vgl. Anm. 24

[568] „der Natur". Übrigens kann φύσις speziell die Geschlechtsorgane meinen: LSJ φύσις VI.2

[569] im Armen. 3. Person Sg.

[570] *eraneli* = μακάριος (ASA)

[571] „das zu schaffen war"

[572] „von jenen" (Bezug unklar)

den Knaben kommen (lassen)[573], der das Haupt des Volkes sein (wird);
der (soll vielmehr seine) Haare tragen als (Erkennungs)zeichen (in) der
(Volks)menge, denn die Fähigkeiten Aller (sind) in diesem einen Kör-

57   per vereinigt. Unbeschädigt und makellos soll das Haupt des Volkes
bleiben, und das Zeichen (in) der Menge soll un(be)schnitten sein. Solange es dabei bleibt, (wird) die Menge des Volks wie ein einziger Körper
(sein), von dem (jetzt) Geborenen (wie von) einem Turm bewacht; sie
wird unbesiegt sein und frei von Bedrängnis. Wird aber der Kopf des
Kindes[574] verletzt oder das Haar gekürzt, werden Vielen die Kräfte
schwinden, deren Sammelpunkt dieser Mensch war."

(14) Als Manoah das gehört hatte, dankte er dem, der die Verheißung gab, und versprach, den Auftrag einzuhalten; den Engel (aber) lud
er zu einem festlichen Mittagessen ein. – Wenn man's (recht) bedenkt,
muß[575] man sich wundern über die Verschiedenheiten, (die es) zwischen
den Gerechten (gibt). Es ist nämlich ein sehr großer (Unterschied) zwischen den durchschnittlichen, und zwischen den kleinen und den durchschnittlichen, und (schließlich) zwischen den durchschnittlichen und den
besonderen[576] Gerechten. Weswegen lud Abraham die Engel schon vor
dem Empfang der Verheißung zur Mahlzeit ein, Manoah aber erst nachher? Manoah äußerte die Einladung als Gegengabe für das Geschenk;
erst nahm er, (dann) dankte er. Abraham aber gewährte zum Ausdruck
seiner Gastfreundschaft zunächst das Mahl; er gab früher als er empfing.
Gut war bei allen beiden, was sie gaben; jedoch waren (ihre Gaben)
nicht gleichwertig. Der eine nahm aus Dank Fremde auf, der andere
aber, weil (es so seine) Art (war). Darum gingen sie bei Abraham auch
(mit) ins Zelt und gaben (sich) den Anschein, zu essen und (von den
Speisen) zu kosten. – Wie aber, könnte man fragen, sind die angebote-
nen Speisen verzehrt worden, wenn die (Engel) ohne zu essen von ihnen
weggingen? Die Engel waren voll Feuer, und durch Feuerblick verzehr-
ten sie die Speisen.

(15) Manoahs Einladung wies (der Engel) ab und belehrte ihn, daß
58   die Gastfreundschaft, die er ihm habe erweisen (wollen), Gott gebühre

---

573 Ellipse des finiten Verbums (vgl. Anm. 99) oder Ersatz durch einen Infinitiv
574 „des geborenen Kindes" (Pleonasmus)
575 statt des armen. Konjunktivs
576 „letzten" – so hätte man, scheint es, eher die kleinsten als die größten benannt; aber
vielleicht weicht hier Ps.-Philon wieder einmal vom Sprachgebrauch ab (Katachrese).
Sonst müßte man eine Textänderung versuchen (vgl. Auchers Fußnote S. 557). *oppido-* in
Auchers Übersetzung ist zu streichen.

(vgl. Ri. 13,16). Dieser verstand[577] die Mahnung, Gott zu opfern; und weil er zugleich den Engel ehren wollte, fragte er: „*Wie ist dein Name* (Ri. 13,17) – damit wir wenigstens diesem ein (ehrenvolles) Angedenken weihen?" Der aber gab wiederum zu verstehen, daß seine Ehre Gott (gehöre), und ließ die Verherrlichung Gottes als seine eigene Ehre gelten, indem er sprach: *Was forschst du nach meinem Namen? Der ist wunderbar!* (Ri. 13,18) – O göttliche Gespräche[578] im Himmel, wo der Prophet die Heerscharen der Engel die göttliche Weisheit lehrt[579]! **(16)** Nicht sagte er: der (Name)[580] ist Michael, auch nicht den anderen (Namen), Gabriel, auch wieder nicht ‚der Starke hat gesprochen', um nicht den Gottesnamen fälschlich auf sich zu beziehen. Sondern was sagt er? *Der ist wunderbar* – das heißt, der Engel macht durch Wechseln – an jedem Ort auf andere Weise, je nach den Bedürfnissen der Irdischen – (seinen Namen) großartig[581]. Und zweitens: Um erneut (seine) Ergebenheit (gegenüber Gott) zu erweisen, erklärt der Engel den Namen des Erhabenen und Allmächtigen[582] für unangemessen und wechselt den seinigen. (So) macht er klar, daß man sich über seine Herrlichkeit irrt[583], (und) läßt die Kenntnis (seines Namens) offen. Wie immer man sich nun um Erkenntnis jenes wechselnden Namens bemühen mag – (solche)[584] Erkenntnis schützt Gottes Verherrlichung, den nicht irrenden Geist[585].

---

[577] „nahm auf/akzeptierte"

[578] *degerowmn* = διατριβή (ASA). Der Genitiv entspricht der griech. Konstruktion bei ὦ. ASA (der diese Stelle zitiert) fügt noch die Glosse *(mtōkʿ)* ‚im Geiste' bei – soll das den „Himmel" lokalisieren?

[579] so wörtlich. Der Text enthält zwei Akkusativobjekte (bei Aucher müßte es *virtutes* heißen), was nicht nach der armenischen (Jensen § 392 negativ), aber nach der griech. Grammatik zu erklären ist. – Rätsel: Wer ist der „Prophet"? Der Verfasser des biblischen Textes?

[580] *anown* wird in diesem Abschnitt fast gänzlich vermieden, ist aber das Thema der Betrachtung. Auch dies – das Weglassen des wichtigsten Wortes – ist ein Mittel der Emphase (Lausberg § 905); es soll hier vielleicht noch die Schweigsamkeit des Engels über seinen Namen veranschaulichen.

[581] Der Sinn ist hier und im folgenden unsicher (vgl. Auchers zwei Übersetzungen). Ich nehme *pancalis* als Akk. Pl., *hreštaks* aber als determinierten Nom. Sg.

[582] *veh* und *law* werden von ASA gleicherweise mit κρείσσων wiedergegeben (was Aucher wohl zu der Zusammenziehung *optimi* veranlaßt hat) und sind beides auch Gottesbezeichnungen. Zu *law* vgl. Anm. 279, zu beiden Wörtern Anm. 517.

[583] „er zeigte den in seiner Herrlichkeit Irrenden (Sg.)"; ich nehme *moloreal* = πλανώμενον

[584] mit Auchers Übersetzung, statt eines pleonastischen *ew* „auch"

[585] so wörtlich. Für Auchers Übersetzung müßte statt *za(stowco)y*... stehen: *ya(stowco)y*...

Denn derjenige, der in seiner[586] Herrlichkeit ewig bleibt, erweist sich[587] samt seiner Herrschaft[588] (gegenüber) den (ihn) Anbetenden stets als unveränderlich. –

(17) Sodann bereitete (Manoah) das Opfer vor. Der Engel blieb, bis er Gott die Opfergabe darbrachte, um samt der Gabe auf (seinem) prachtvollen[589] Wagen in den Himmel emporzusteigen; im Opferfeuer (sollte) die Fahrt nach oben gehen[590]. Denn es war angebracht, daß der Engel Manoah seine Würde (noch) zeigte, und daß er das Wunderbare zwischen Anfang und Schluß aufteilte. Nach beiden Seiten[591] hin teilte er sich: der Frau erschien er anfangs furchterregend, dem Mann am Ende, damit er die Frau durch sein Aussehen überzeugte, den Beginn der Sache (in sich) aufzunehmen, dem Mann aber durch (die Umstände beim) Opfer[592] Vertrauen in den Ausgang der Sache einflößte und ihm eine Bestätigung künftigen Wunders sichtbar vor Augen führte.

(18) Nachdem Manoah alles zum Opfer Gehörige auf einem Stein hergerichtet hatte, berührte der Engel es mit der Spitze seines Stabes, und es ging sofort in Flammen auf. Manoah sah[593] das Opfer auf diese Weise verbrennen, den Engel in der Flamme emporsteigen und das Opfer dem Himmel zusteuern; und das Wunderbare (dieses) Anblicks versetzte ihn in Furcht. (So) erging es[594] seinem rechtschaffenen Gemüt; denn er wußte, daß in der Schrift steht: *Niemand wird mein Angesicht sehen und leben* (Ex. 33,20). In der Meinung, den Gott aller (Dinge) gesehen zu haben, hielt er sein Leben für verloren[595].

Doch die Frau ermunterte ihn, indem sie sich, (ebenso) weise (wie) beherzt, folgendermaßen an den Eingeschüchterten wandte: „(Lieber)

---

[586] *nora* = αὐτοῦ inkorrekt statt *iwr*

[587] Ich emendiere *gtanil* in *gtani,* was diesen *intricatissimus locus* (Auchers Anm.) in einen schlichten Satz verwandelt.

[588] *ark'ayowt'iwn* = βασιλεία (ASA). Erwartet hätte ich *anown* ‚Name‘, aber dieses Wort wird hier ja verschwiegen (siehe Anm. 580)

[589] Dativ (statt Lokativ oder Instrumentalis) wohl vom Griech. beeinflußt

[590] *elsteann* ist Genitiv (Gen. absolutus mit einem nicht kongruierenden – undeklierten – Partizip *verac'eal*); zu der Konstruktion vgl. Abschn. 18 (Anfang). Das Komma ist vor *elsteann* zu setzen. – Aucher scheint *veram* ‚ich steige auf‘ mit *varem* ‚ich lenke‘ zu verwechseln.

[591] „Naturen"

[592] „aufgrund des Opfers"

[593] Aucher möchte ein *ibrew* einfügen: „⟨Als⟩ Manoah sah..."; aber abwechslungshalber kann sich der Redner auch einmal der Parataxe bedient haben.

[594] „Und es geschieht...“; damit ist aber wohl bloß die Furcht gemeint und nicht das ganze Wunder in Manoahs Inneres verlegt.

[595] „leblos", ein müdes Wortspiel

Mann, (kann) wohl diese Erscheinung zum Nachteil ausschlagen – (die Vision) des Guten[596] zum Bösen? Das Opfer eines zum Tode Verurteilten wird nicht angenommen; denn das Kommen einer angenehmen Vision (wäre) selbst[597] für den Bösen das Sehen des Guten. Wenn nun der Menschenfreund schon durch die Vision und die Annahme des Opfers freundlich gegen uns gewesen ist, mit welchem Grund (sollte) er jemanden zum Tode verurteilen, der ihn ehrt (und von dem) er als Pfand und Bürgschaft[598] seines Heilbleibens[599] das Opfer angenommen hat?"

Etwas ganz Neues[600] sieht man (hier): der Mann ist der Furchtsame und die Frau die Mutige. Er, der die ängstliche Frau hätte ermuntern und trösten müssen, wird selbst getröstet, weil ihm graut; wohingegen die   56[•]
Frau, die (normalerweise) als die Geängstigte die Hilfe nötig hätte, den Erschreckten mit Worten wie mit einer Arznei beruhigt. Nicht umsonst hat jemand[601] gesagt, die äußere Erscheinung (könne) die in ihr wohnende Seele wechseln und eine weibliche Seele das Äußere[602] eines Mannes annehmen, eine Seele aber, die für einen Mann gepaßt hätte, das einer Frau.

(19) (So) wurde der Frau die frohe Nachricht gebracht[603] und der Mann überzeugt; der Engel verschwand und das Opfer erreichte sein himmlisches Ziel[604]. Durch all dies unterstützt, gebar die Frau ihm Simson, den Befreier[605] des unterdrückten Volkes und das Monument[606] (viel)besungener Fähigkeit(en). So trat er auf, ähnlich den anderen

---

[596] ob Masculinum oder Neutrum, ist im Armen. (im Griech. ebenso) nicht entscheidbar

[597] Ich habe *ew* ein Stück versetzt. Der Satz ist dadurch undeutlich, daß Gen. und Dat. Sg. im Armen. die gleiche Endung haben, so daß ‚Gut‘ und ‚Böse‘ syntaktisch vertauschbar sind. Alternativen (ohne Versetzung des *ew*): „denn das Kommen (oder: die Existenz) selbst einer angenehmen Vision (ist) dem Bösen das Sehen des Guten" (oder umgekehrt; beides wenig sinnvoll), oder als Frage (Auchers Hinweis S. 559 Anm. 2 aus der Glosse): „denn (wäre) das Kommen einer sogar angenehmen Vision für den Guten das Sehen des Bösen?" – Aucher selbst paraphrasiert zu frei.

[598] „Gegenstück/Äquivalent"

[599] „seiner Rettung"

[600] „ein Neuwunder"

[601] nach der armen. Glosse, die Aucher mitteilt (S. 560 A. 1) Platon, bei dem ich aber nur die These von den gleichen Anlagen des Mannes und der Frau finden kann (*Resp.* 454 d – 456 a)

[602] *kerparan* heißt nicht ‚Natur‘ (gegen Aucher), sondern ‚Gestalt‘ usw.

[603] *awetaraneal ełew* = εὐηγγελίσθη

[604] „seinen erhabenen Ort"

[605] „die Rettung" (Metonymie)

[606] „Erinnerung(szeichen) des Lebens"; vielleicht stand im Urtext ein Wort wie ζῳοτύπος, ζῳοπλαστία

(Heroen, jedoch) gerade in dem, worin er den anderen nachzustehen schien[607], überlegen[608]; (darin nämlich, daß) ihm das Pneuma[609] anstelle einer Seele diente. Sein Körper aber war so wenig[610] zu beschädigen oder zu ritzen wie ein Diamant. Wie (uns) diejenigen, die von ihm erzählen, versichern, war[611] er ohne Schmerz(empfinden) und gefühllos gegen Schläge mit irgendwelchem Eisen. Wer ihn schlug, dem wurde er[612] zum Schlag; wer ihn verletzen wollte, den verletzte er eben dadurch. Doch hielt sich Simson fest daran[613], mit niemandem[614] von (ihnen) allen in den Kriegszustand zu treten, gab aber auch fremdem Überwindergelüst, das nach dem Ruhm des Selbstherrschers (sterbte), keine Chance. Er war einfach[615] unverwundbar für alle, die ihm etwas antun wollten. Auch von keinem Pfeil (seiner) Gegner war er zu verletzen. Wenn sie ihn zu treffen versuchten, drehte er sogleich den Spieß um und schoß sie seinerseits nieder[616]. **(20)** Man sagt ja, es sei nur natürlich, daß auf große (Taten) der Neid folgt. Wie aber (Simsons) Leben in (seinen) Taten[617] vollendet war, (so war) Tadellosigkeit des Handelns[618] in ihm (wie) in einem Denkmal eingeschrieben[619].

51   Doch scheint es, daß die Schwäche unserer[620] menschlichen Natur die Größe eines Gottesgeschenks nicht (zu) fassen (vermag). Deswegen hatte auch damals der starke[621] Simson (zwar) das Pneuma empfangen

---

[607] „bezüglich der anderen tadelnswert (*yandimaneal,* auch: „gezeigt" – Auchers *cernebatur*) wurde"

[608] wenn man *norogagoyn* so übersetzen darf (vgl. die Wörterbücher zu *norog* und *nor*); wörtlich: „neuer als das, worin…" (vgl. Anm. 766). *aynow* statt *zayn* (Kasusattraktion)

[609] *hogi* differenziert sich von *šownč'* wie πνεῦμα von ψυχή (ASA II 490 c). Ich übersetze mit dem griechischen Wort, weil ‚Geist' im Sinne von νοῦς mißverstanden werden könnte.

[610] „noch weniger", eine Übertreibung, die im Dt. den Vergleich nur schwächen würde

[611] „ist/existiert" (warum das Präsens?)

[612] Simson muß m. E. Subjekt von *linēr* sein (gegen Aucher), um auch zu *hareal* (ergänze nochmals *linēr*, Aktiv) Subjekt sein zu können.

[613] „bewahrte im Geiste"

[614] Für Auchers Übersetzung müßte statt *owmek'* dastehen: *yowmek'ē.* – Ein pleonastisches ‚sozusagen' habe ich weggelassen.

[615] „denn er war"

[616] „drehte er ebendort das Verfahren um und durchbohrte, ihnen zum Schaden."

[617] wenn man *irac'* so übersetzen darf; zu dem Genitiv vgl. Jensen § 464 und die bei Bedrossian unter *ir* aufgeführte Redewendung *hmowt irac' paterazmi* ‚erfahren *in* Kriegsdingen'.

[618] „vollkommenes Handeln"

[619] Aucher zeigt schon durch den Absatz (20), daß er die letzten beiden Sätze nicht verstanden hat. Seine Paraphrase ist mehr als ungenau.

[620] „dieser" (Demonstrativsuffix)

[621] Wort in Auchers Übersetzung übersehen

und den Körper zur Kraftprobe gestählt; die Seele[622] aber erwies sich als
schwach und allzu nachgiebig gegenüber[623] dem Begehren des Fleisches.
(21) Denn als der kräftige (Bursche)[624] in die Pubertät (kam) und beides
gleichzeitig sein volles Alter erreichte, sowohl Gesundheit und Stärke
des Körpers als auch das triebhafte Begehren der Seele[625], – zu der Zeit,
denke ich, gelüstete ihn[626] nach dem Verkehr mit einer Frau, und er ver-
spürte in sich überflüssige Kräfte[627]. Auf[628] dem Höhepunkt seiner
Kraft, von welcher (auch) ein Teil zur Fortpflanzung bestimmt war[629],
wollte[630] er (etwas) von seinem Samen in die Erde senken; der Nach-
komme[631] sollte[632] zur Macht der väterlichen Stärke werden, geweiht,
(deren) Keim zu sein[633]. Zu diesem Zweck sind weder Halbwüchsige ge-
eignet, wegen ihrer Unreife, noch Greise, die ihre Kraft verloren haben,
sondern gerade[634] dieses Lebensalter, (in dem sich) Simson (befand),
und die jugendliche Blüte, (die) auf dem Gesicht wie liebliche Wiesen-
oder Gartenblumen (liegt) und das stolze, süße, zärtliche Augenzwin-
kern[635] einer Lächelnden herausfordert[636] und Sonnenstrahlen auf den
Wangen leuchten läßt – nicht die[637] Schönheit, die auf Mädchen und
Frauen erblüht, sondern (die) derer, die tüchtige Arbeit aushalten (und)
von Anstrengung und Sonne zugleich[638] gerötet wurden. Die Kontur
(seiner) Augenbrauen glich den Bögen des Mondes, welche, bevor die
Sichel zur Hälfte gefüllt ist[639], einen reinen Kreis bilden.

---

[622] Widerspruch zu der oben Anm. 609 kommentierten Stelle. Vgl. Anm. 533.

[623] „weichlicher als"

[624] „seine Kräfte" (Synekdoche)

[625] *ogi* steht hier offenbar für ψυχή und *hogi* für πνεῦμα (vgl. Anm. 609)

[626] „begehrte die Seele" (hier wieder *šownč*). Partizip statt verbum finitum.

[627] „zu welchem der Körper überfließend (war)"

[628] *z- zōrowtʿeann* kann wohl nur Lokativ sein

[629] „welche einen Teil zum Säen hat"

[630] statt der Einleitung des Satzes mit *zi* ‚damit'

[631] „der zu zeugen war"

[632] siehe Anm. 630

[633] „zum Samen geopfert". Auchers Übersetzung verkennt den Casus von *sermn* (Akk.)

[634] statt der Präposition *ɘst* ‚gemessen an'

[635] „Plätschern der Augen"

[636] „(ein)trägt"

[637] „nicht wie die". – Das in Auchers Text eingeklammerte *i* soll offenbar getilgt werden.

[638] „gemeinsam bratend" – so erklären ASA (der wieder einmal nur unsere Stelle angibt) und Aucher (S. 561 Anm. 1) das Wort.

[639] „ehe sie das Treffen der Halbmonde zur Mitte verwandelt (haben)". Es ist wohl ganz
einfach die Form einer schmalen Mondsichel gemeint.

(22) (Ihm nun, dem) Eros[640] wie der Schein der Sonne auf dem Gesicht (leuchtete)[641], kam eine ausländische[642] Frau unter die Augen, eine Frau von (wohl)gebauter weiblicher Figur. Er hatte (seine) Blicke in fremdes Land schweifen lassen und war (nun) gefesselt wie diejenigen, die sich durch einen (schönen) Anblick fangen lassen. Wenn nämlich die Augen den Jagd(trieb) zum Berater genommen und durch häufiges (Hin)sehen die Begierde genährt haben, schlagen sie ins Innere der Seele eine Wunde. Die verwundete Seele wird von frommen Bedenken geplagt, gibt aber (schließlich) zugunsten der Sinnlichkeit[643] jedes Schamgefühl und jeden Anstand[644] auf[645].

(23) Einige von den Weisen[646] sagen, er sei durch den Willen der Gottheit verleitet worden, eine Fremde zu lieben, damit sich ihm eine Gelegenheit böte, den Fremden zu schaden. Andere halten dagegen, durch Gesetzesübertretung zu retten sei nicht der Wille der Gottheit; es habe in ihrer Macht gestanden, beides zu bewirken, sowohl (Simson) zu einer gesetzesgemäßen Ehe anzuhalten[647] als auch die Fremden auf gerechte Weise zu strafen. – Da nun Simson aus eigenem Willen auf eine fremde Frau verfiel, verwandelte Gott, dem alles möglich ist, die Sünde Simsons in eine Strafe für die Übergriffe[648] der Fremden.

(24) Andere aber, die mit halbem Verständnis lesen und weder Gottes Macht noch die Schrift mit Nutzen zu erkunden vermögen[649], folgern[650] aus der Sünde Simsons eine Anklage gegen das Pneuma. Es steht

---

[640] wörtlicher vielleicht „die Liebenswürdigkeit" (*trp'ec'elowmn,* eine in den Wörterbüchern nicht nachgewiesene Ableitung von *trp'am* = ἐράω)

[641] Den armen. nominativus absolutus (Jensen § 494) habe ich so in einen Nebensatz umgewandelt

[642] ,fremdstämmige/fremdrassige'. Ich übersetze *aylazgi* = ἀλλόφυλος (so das LXX-Wort, das in Cod. B teilweise und in Cod. A gänzlich den Philisternamen verdrängt) im folgenden mit ,fremd' oder ,ausländisch'.

[643] statt des drastischeren Ausdrucks *lrbowt'iwn* = ἀναισχυντία (ASA) ,Schamlosigkeit'

[644] „das schöne Existieren der Scheu der Scham"

[645] statt ,gibt... zugunsten... auf' steht im Armen.: „trägt... (hinein) in Schamlosigkeit"

[646] *imastownk'* = σοφοί (ASA); ob mit dem rabbinischen *ḥªkāmim* zu vergleichen? Doch ist die hier referierte Meinung bereits biblisch: Ri. 14,4

[647] „zu schlagen"

[648] „der Drohungen/Strafen"; vielleicht auch bloß Hendiadyoin mit dem Vorhergehenden

[649] so wörtlich (vgl. übrigens Mk. 12,24); bei Aucher ist *usurpantes* eingefügt.

[650] „nähern tragend". Pleonastisches *berem* (,ich trage') kommt in diesem Text öfters vor (vgl. Anm. 668.672)

ja da[651], daß er im Besitz des Pneuma sündigte. Doch diejenigen, die das
zu sagen wagen, haben doppelte Strafe Gottes verdient; sie haben vor-
sätzlich die Schrift verleumdet und in Unkenntnis der Wahrheit aus ihrer[652] (eigenen) Erfindung (ver)schlecht(ert)[653], was doch gut war[654],
und die Schrift in den Schmutz gezogen. Hätte (Simson) nämlich den
Geist[655] der Gerechtigkeit und der Besonnenheit[656] empfangen, würden
sie zu Recht Kritik üben; wenn er jedoch (nur) den *Geist der Stärke* be-
kam, was (dann)? (Vgl. Jes. 11,2.) Sünden zu vermeiden, wäre (Sache)
der Gerechtigkeit gewesen, nicht der Stärke. Wenn[657] Simson diesen
Geist nicht zugleich mit jenem empfing, was übersieht ihr (dann) den
Menschen (in ihm) und tadelt den Geist der Stärke, indem ihr von ihm
das Tun der Gerechtigkeit erwartet? Nicht zu Unrecht könnte der geta-
delte Geist antworten, daß die Gaben unterschiedlich sind, (je nachdem)   5(
wie es die Macht des Allmächtigen und Großen will[658], und (daß) jedes
Geschenk in seiner Art (nur) partiell[659] und jede wohltätige[660] Gnadengabe begrenzt ist. Dem einen nämlich wird von Gott[661] der *Geist der
Wahrheit* gesandt, dem andern der *der Erkenntnis und der Einsicht,* einem andern der *der Stärke und der Macht* (und) einem andern der *der
(Gottes)furcht*[662] (vgl. Jes. 11,2). **(25)** Hätte (Simson) also die Gaben
jeglichen Geistes empfangen, hätte er sich auch als sündloser Mensch
erweisen müssen. Wenn er aber aus der Quelle, ja dem großen Meer der
Gnade (nur) einen Tropfen empfing, wie (hätte) er, dem (nur) einer von
(vielen) Teilen gehörte, über das Ganze verfügen[663] können?

Wie[664] (die Sache sich verhält, darüber) können wir uns anhand von
Beispielen[665] überzeugen. Unser Urvater ABRAHAM erhielt den Geist

---

[651] „er/sie/es sagt" (wie subjektloses λέγει im Griech.)

[652] *noc'anēn* wohl Kasusattraktion statt *noc'a*

[653] statt des Adverbs „schlecht". Die Konstruktion dieses Satzes ist ziemlich wirr.

[654] „wie sie (die Schrift) die gute war"(?)

[655] hier steht *ogi* für πνεῦμα (anders als Anm. 625); nach ASA ist das möglich

[656] *aṙoljmtowt'iwn* = σωφροσύνη (ASA)

[657] „Weil/Daß". Das Wort (bei Aucher in Klammern) scheint in einigen Handschriften
zu fehlen

[658] „unter der Macht des Allmächtigen (zu *lawn* siehe Anm. 279) und Großen"

[659] „geteilt"

[660] Variante: „der Wohltätigkeit"

[661] Auchers Übersetzung verkennt den Ablativ *yastowcoy*

[662] „zu fürchten"

[663] „das Ganze gefunden haben"

[664] vorausgehendes *ibrow zi t'ē* „als ob" lasse ich, weil unpassend, unübersetzt; es ist
wohl Fehlübersetzung oder Katachrese unwichtiger Füllwörter.

[665] *tarac'oyc'* = παράδειγμα (ASA; Manandean S. 112 unten)

der Gerechtigkeit. (Dieser) ließ ihn augenscheinlich voller Güte sein[666], denn *er glaubte an den Lebendigen* (vgl. Gen. 15,6). Joseph erhielt (den Geist) der Beherrschung[667] (und) stellte ihn der (Frau) gegenüber unter Beweis[668], die ihm volle Gelegenheit über ihren Körper gab[669]; er besiegte die fleischliche Begierde (vgl. Gen. 39,7–20). Simeon und Levi erhielten den Geist des Eifers und bewiesen ihn in der Tötung der Sichemiten (vgl. Gen. 34). Juda erhielt den (Geist) des gerechten Richtens[670]; er gab ihn im Urteil über seine Schwiegertochter zu erkennen (vgl. Gen. 38). Simson empfing den (Geist) der Stärke; den erwies er in (seinen) Taten auf das Vollkommenste.

(Hätte nun) der Geist gegenüber Stärk(er)en ⟨versagt⟩[671], wüßte er von einem Anklage(grund); denn es war seine Aufgabe, durch Simson, sein Werkzeug, Stärke zu zeigen. Wenn aber der Geist mit seiner Gabe stark war und anders(artige) Machenschaften Simson überwanden, was bürden[672] wir dann dem Geist eine fremde Anklage auf?

(26) Ja, sagt (die Schrift), es war allerdings[673] recht und billig, daß der Geist von Simson wich, als (dieser) sündigte; er durfte nicht einem Übeltäter von Nutzen sein. – Wo aber blieb die Tat, (die) der göttlichen Verheißung (entsprochen hätte)?

Was seid ihr doch[674] für Gegner der Heiligen[675] Schrift! Wenn die Eltern des Jungen das Versprechen der Stärke erhielten — Gott sandte es, und der Engel überbrachte es —, er aber, ehe er irgendeinen Tatbeweis seiner Stärke geliefert hätte[676], der Begierde nach einem Mädchen verfallen wäre, (was dann)? — Wäre der Geist infolge Simsons Begierde irgendwohin verschwunden mitsamt[677] der Stärke, wüßten wir[678] von dem

---

[666] „zeigte (ἀπέδειξεν?) ihn des Guten voll", eine im Dt. nicht nachahmbare Ausdrucksweise

[667] *parkeštowt'iwn* wohl = σωφροσύνη (was ich oben 26 mit ‚Besonnenheit' übersetzt habe – dieses Wort erscheint auch in einigen Hss. des Test. Jos. in der Überschrift), oder = εὐσχημοσύνη ‚Wohlverhalten' (vgl. ASA)

[668] „erwies tragend"; vgl. Anm. 650

[669] „ist"

[670] *ardaradatowt'iwn* = δικαιοκρισία (ASA)

[671] Verbum von Aucher eingefügt

[672] mit pleonastischem Zusatz *bereal:* vgl. Anm. 650

[673] zu *ayl* = ἀλλά vgl. Anm. 299

[674] *ibr oč'* = πῶς οὐκ in eine positive Frage verwandelt

[675] „göttlichen"

[676] „bevor er etwas über (*z* mit Abl. *gorcoc'*) (die) Taten der Stärke gezeigt hatte"

[677] „aus"

[678] „finden wir". Im armen. Text steht einfaches Präsens; aber der Übersetzer hat wohl den Aussagemodus des Kontextes – Irrealis – nicht verstanden. Auchers Übersetzung korrigiert ihn teilweise.

(ganzen) Versprechen nichts. Offensichtlich[679] schärfen diejenigen gegen Gott selbst die Zunge, die fälschlicherweise entgegen der Schrift behaupten, Simson habe den Geist der Stärke (gar) nicht erhalten und es stehe grundlos (von) einer ‚Gnadengabe‘ geschrieben; hätte er ihn nämlich erhalten, hätten wir ihn jedenfalls an (seinen) Taten sehen müssen. Von der Art erweisen sich überall die Verleumdungen Böswilliger. Aber der Schrift kann die Verleumdung nichts anhaben[680], und sie läßt sich durch gekünstelte Einwände[681] nicht herabwürdigen. Sie spricht vielmehr zu rechtschaffenen und einfältigen Menschen.

Soviel zur Rechtfertigung des Geistes. Nun wollen wir aber wieder[682] zu Simson und zur biblischen[683] Geschichte zurückkommen.

(27) (Simson) war nun also im blühenden Alter, strahlend vor Jugend, mehr ein Juwel als ein menschliches Geschöpf. Im Schmuck seiner Körperkraft ging er mit seinen Eltern. Die Stadt, zu der Simson und seine Eltern kamen, hieß[684] Thimna (vgl. Ri. 14,5). Als sie dorthin unterwegs waren, kam Simson vom Weg ab in einen Weinberg und betrachtete mit Freude dessen üppiges Wachstum[685]. Da fiel sein Blick auf ein junges Tier, das unter den Trauben eines Weinstocks saß. Er griff es an und näherte sich ihm, als ob er nicht mit einem Löwenjungen, sondern mit einem jungen Hund zu kämpfen haben würde. Es war ein sehenswürdiges Ringen des jungen Löwen, dessen aufgerichtete Nackenhaare seine Kraft erwiesen[686], mit Simson, dem die Energien seines Alters in den Gesichtszügen zu lesen standen[687]. Als (die beiden) nun aneinandergerieten – unvernünftige Lebewesen (sind) reizbar[688], vernünftige dagegen beherrscht[689] und überlegen – sperrte[690] der Löwe, wie (er's) vom Jagen gewohnt (war), das Maul auf, um die Beute zu schnappen, und nahte sich mit emporgekrümmtem Leib. Und wie die tüchtigsten Kämpfer (gerade) aus der Selbstsicherheit des Gegners Nachteile für

56

---

[679] statt (erneut) *ibr oč'* (vgl. Anm. 674)
[680] „die Schrift wird nicht verleumdet" (periphrastisches Passiv)
[681] *ban* = λόγος im Sinne von ‚Argument‘
[682] „von dort", wie griech. ἔνθεν
[683] „göttlichen" (vgl. Anm. 675)
[684] Zur Endung *-iwr* siehe Anm. 213
[685] „dessen Fruchtbarkeit"
[686] „der auf den Nackenhaaren die Kraft zeigte"
[687] „der das Alter der Kraft... gegenwärtig machte"
[688] „unvernünftiger Lebewesen (ist) das Reizbare"; ähnlich die Konstruktion des nächsten Satzteils
[689] „tugendhaft"
[690] „hier" weggelassen

diesen (zu) gewinnen (verstehen) zu (seiner) Vernichtung, so überwand der gute Kämpfer Simson den jungen Löwen gerade aufgrund seines Schreck(mittels). Das Maul, die für alles (passende) Waffe des Löwen, fand der Tapfere offen stehen: er legte[691] (seine) Hände an beide Seiten des offenen Mauls, die linke auf den Unterkiefer[692] und die rechte auf Nüstern (und Ober)lippe des Löwen, riß es mit Gewalt[693] noch weiter auf und vervielfachte seine Kraftanstrengung[694], bis er das Tier mitten durchriß. Der Riß ging[695] durch den Nacken und kam erst zum Stehen, als der Leib des Löwen ihn hinderte. – Das will auch (die) Schrift sagen mit den Worten: *er zerriß ihn, wie jemand ein Zicklein zerreißt, als hätte er nichts in den Händen* (Ri. 14,6).

(28) So zerteilte er den Löwen und ließ ihn tot auf der Erde liegen. Er selbst leistete von da ab seinen Eltern wieder Gesellschaft. Was er getan hatte, schien ihm so wenig bewundernswert, daß er's seine Eltern gar nicht wissen ließ. Nach einer solchen Leistung sah man ihn völlig ruhig[696] und schweigsam. Weder war er verletzt[697] noch verriet er durch die Färbung seines Gesichts (überstandene) Furcht, noch ließ er durch Aufregung die Tat erkennen, noch gab er durch körperliche Müdigkeit einen Hinweis auf (seine) Anstrengung[698]. Wie wenn er nichts geleistet hätte, schwieg er in unerschütterlicher Beherrschung (und) zeigte (seine) gewöhnliche), kräftige[699] (Gesichts)farbe. – Ich denke mir (aber), daß er, im Besitz des Geistes der Stärke und herrlicher Gottesgaben[700], das künftige Rätsel vom Löwen bereits im Sinn trug und (nur) verbergen wollte, (wie) er auf die Rätselfrage gekommen war.

(29) Auf dem Rückweg überkam ihn das Bedürfnis, den Löwen (noch einmal) zu sehen; und als er die Stelle erreichte, sah er das Jungtier voller Bienen[701]. Die Bienen hatten das höhlenähnliche Maul gesehen

---

[691] „verteilte... umschließend"

[692] „die Unterseite des Mauls"

[693] „es (oder auch: ihn – den Löwen) zwingend"

[694] „er war soviel kräftiger"

[695] pleonastisches „das Tier zerreißend" weggelassen

[696] „erschien er beständig"

[697] „ohne Verletzung" (noch Bestandteil des vorigen Satzes). Ich habe umkonstruiert und ‚weder – noch' eingefügt.

[698] „nicht durch kraftlosen (*anhangoyž* und die Variante *anhandoyž* sind bei ASA nur für unsere Stelle belegt) Körper die Anstrengung (d. h.: Zeichen der Anstrengung) schickend"

[699] „wegen der Kraft/Männlichkeit"

[700] „den Geist der Stärke angezogen habend und mit göttlichen Gaben herrlich gemacht"

[701] „bienengenährt" (so erklärt ASA das Wort, für das er nur diese Stelle gibt), das entspräche μελισσόβοτος. Vielleicht hieß es auch μελισσοτρόφος ‚Bienen nährend'

und eine Verbreiterung, wie (es sie) in den Felsen (gibt), im Bauch des Tieres gefunden; durch den Rachen des Löwen waren sie ins Innere eingedrungen und hatten dort[702] eine Honigwabe angelegt. Als (Simson) das vielfältig schillernde Werk der Bienen betrachtete, dichtete[703] er einen Rätselspruch, der (noch) schillernder war als der Honig. Aus dem Fresser zog er Nahrung und aus dem Starken holte er Honig: (so) vollbrachte er ein scheinbares[704] Paradox[705], welches er beim Hochzeitsmahl auf folgende Weise vortrug:

(30) „(Ihr) Freunde[706], die ihr die gegenwärtige Hochzeit (mit eurer Anwesenheit) beehrt, ich will euch[707] – weil es zum Anlaß paßt, nicht nur dem Körper durch Essen, sondern auch dem Geist durch Worte einen Genuß zu bieten – (zu) Beginn dieses Festes ein Rätsel vorlegen[708], kein erfundenes, sondern ein wahres[709]. Daß der Spruch wahr ist, (dafür gelte folgende Wette): Wenn (ihr) Zuhörer im Auflösen[710] (euch) als die Klügeren erweis(t), (soll) der, der das Rätsel aufgegeben hat, den Schaden haben; umgekehrt (soll es) ihm zugute (kommen), wenn er (euer gemeinsames) Nachdenken[711] mit (seinem) einen Rätselspruch besiegt. Zwar ist der Spruch für sich allein (schon) reizvoll; etwas Besonderes[712] wird er (aber erst) durch die Bedingungen einer Wette. Den Hörern, die durch (meinen) Gewinn den Schaden haben, macht sie die Auflösung des Wortes spannender[713]; dem (Aufgaben)steller (hingegen), der sich vor der Strafe fürchtet[714], winkt[715] nach (seinem) Sieg doppelte Freude.

Was aber soll der Gewinn des Siegers und was die Strafe des Verlierers 56 sein? Hört: Ihr könnt euch zu dreißigst das Rätsel überlegen; ich bin *einer,* der es (euch) stellt. Wenn ich eure Überzahl aussteche[716], ist jeder

---

[702] „im Inneren"

[703] *arar* = ἐποίησεν. Darin liegt der (im Dt. nicht wiederzugebende) Doppelsinn ‚er tat'

[704] „welches schien". Wieder die Endung *-iwr* (Anm. 213)

[705] „Rätselspruch" etc. (übrigens ein Pleonasmus; Paradoxe sind immer ‚scheinbar')

[706] „Männer" (vgl. Anm. 95)

[707] pleonastisches „die ihr hier seid" weggelassen; dafür die eben gesetzte Klammer

[708] „(zu) dieser Freude ein Rätsel beginnen"

[709] „welches wahr ist zu rätseln" (d. h.: als Rätsel vorzulegen)

[710] lies *ełcnowl* oder *ełcel*

[711] „deren Gedanken beim Überlegen im Geiste"

[712] „prächtiger"

[713] „löst sie das Wort angenehmer auf" (Metonymie – die Wette statt der Hörer Subjekt des Verbums). Auchers Paraphrase läßt zweifeln, ob er die Konstruktion verstanden hat. – Einige pleonastische Partikeln unübersetzt

[714] „die Furcht (Akk.) des Aufgabenstellers vor der Strafe" (gleiche Metonymie)

[715] „findet", genauer: „findend" oder noch genauer „gefunden habend"; Partizip im Nom. absolutus (Jensen § 494)

[716] „mit Kraft überwinde"

von euch mir (als) Sieger ein Obergewand[717] schuldig; wenn aber ihr das Geheimnis meines Rätselspruchs löst, soll ich verpflichtet sein, jedem von euch[718] den gleichen[719] (Einsatz zu zahlen). Wenn (ihr) verliert, wird (also) jeder von euch (nur) den einfachen Wettpreis zahlen, ein einziges Gewand[720]; ich hingegen werde vielen, nämlich jedem aus der Siegerpartei, ein Kleid stiften müssen[721]. – Nun grübelt nach, was dieses Rätsel meint[722]: *Aus dem Fresser kam Nahrung und aus dem Starken Süße* (Ri. 14,14).''

(31) Eine schöne Frage stellst[723] du (da), Simson! Durch den Zweitstärksten hast du den Stärksten[724] bekanntgemacht, den Machtlosen durch den Mächtigen. *Aus dem Fresser kam Nahrung* – das wäre[725] leicht zu erraten[726]. Ziegen und Schafe fressen, und aus den Fressern kommt Nahrung, nämlich die Milch. Aber *aus dem Starken kam Süße* – (was) das (heißt), kann niemand finden[727]. Zu klug und zu raffiniert (ist das Rätsel verschlüsselt). Den ersten, leichten (Punkt) nennt es[728] zuerst, um die Hörer zu fangen[729]; und dessen Einfachheit verwickelt es (dann um so mehr) durch die Schwierigkeit des zweiten (Punkts). Die leichte (Hälfte) soll in die Falle locken[730], die schwere[731] aber die darin erwarteten[732] Opfer[733] (festhalten)[734]. (In) dein(em) Rätsel hast du nicht nur einen Beweis deiner Stärke, sondern auch deines Scharfsinns geliefert[735]. –

(32) Als die Gäste von Simsons fröhlicher Hochzeitsfeier[736] das ge-

---

717 ein pleonastisches ,,(als) Strafgeld`` habe ich hier weggelassen und dafür unten in der Klammer eingefügt
718 ,,den Körpern eines jeden beliebigen von euch``
719 ,,euer festgesetztes``
720 ,,einen Körper bekleidend``
721 ,,viele, das ist jeden Körper der Siegerpartei, zu schmücken verurteilt sein.``
722 ,,ist``
723 *vičim* übersetzt wohl προβάλλω ,ich stelle ein Problem` (vgl. ASA)
724 ,,diesen Ersten`` (Demonstrativsuffix der 1. Person). Ein Zusatz-Rätsel, mit dem der Redner Simson meint
725 ,,ist``
726 ,,finden`` (vgl. Anm. 523)
727 ,,das ist ohne Finden``
728 ,,lehrt es`` (mit – offenbar aktiv gemeintem – Partizip ausgedrückt; Subjekt muß ,das Rätsel` sein)
729 ,,zur Jagd der Hörer``
730 ,,rufen``
731 ,,starke``. *forte* in Auchers Übersetzung ist nicht etwa Adverb!
732 ,,geglaubten``
733 ,,Betrogenen``
734 Der Satz hat kein Verbum. Auchers *includat* ist eingefügt. Vgl. Anm. 99
735 ,,nicht nur ein Werk... gezeigt``
736 ,,die zur Hochzeit zur Freude Gekommenen``

hört hatten (und) es (ihnen) noch gar nicht möglich war, das Rätsel genauer kennenzulernen[737] oder seine[738] wahre Tiefe zu ergründen[739], erklärten sie sich (schon) bereit[740], es[741] zu lösen; sie akzeptierten den
Vorschlag, die Aufforderung zur Wette. Eingeengt zwischen zwei
Übeln, dem Wunschdenken[742] und dem Rausch, waren sie nur allzu bereit, die Wette abzuschließen. Der Rausch ließ sie nicht dazu kommen,
sich die Sache vorher klarzumachen und genau zu durchdenken; und das
Wunschdenken siegte bereits für sie und händigte ihnen (die Prämie)
aus, selbst ehe sie nachdachten. Von Natur hofft ja jeder Mensch auf das
Beste und bemüht sich[743] (überdies) mit Zähigkeit[744], auch die Hoffnung noch zu übertreffen – wenigstens diejenigen, die durch Trinken das
Denken[745] weggeschwemmt haben. Wenn (erst) einmal der Geist, un-
tergegangen beim Trinken, den (wider)streitenden tierischen Trieben
erlegen ist, zieht er sozusagen die unvernünftige Tierheit des Herzens in
den Abgrund hinab; (und) wenn er[746] (alle) Gedanken ausgetilgt hat,
gerät er auf solch tierische Weise in Wallung und verfällt auf einen Entschluß, völlig[747] gefangen in seinem eigenen Treiben[748].

(33) Doch das Fangen mit dem Netz gelang Simson nicht. Die Strik-
ke, die er gelegt hatte, zerriß vielmehr eine Frau, die (ihm) dazwischen-
kam. Sie verwickelte den Jäger in sein eigenes Netz; und denen, die er
jagte, zerriß sie die Stricke und befreite[749] sie aus der Jagd. So ist die
Fremde, Simson: Zur Gemeinschaft der Körper[750] ist sie allemal bereit
und gewährt (dir) treulich, was nach Liebe aussieht[751]; in (ihrer) Seele

---

[737] „sicher (und) deutlich zu betrachten"

[738] „des Rätsels"

[739] „betrachten"

[740] „nahmen (es) auf sich"

[741] „das Rätsel"

[742] „der Hoffnung"

[743] „beeilt sich" (*yaṙajem* = φϑάνω, ASA)

[744] „durch Widerstreben/Dagegen-Ankämpfen"

[745] „die Gedanken". *xorhowrdk'* dürfte hier λογισμοί wiedergeben; dazu siehe LSJ λογισμός III *reasoning power* (auch für den Pl.)

[746] Einziges mögliches Bezugswort auch der singularischen Partizipien in diesem Satz
scheint *mitk'* (‚Geist'; ASA: νοῦς, φρένες usw.) zu sein; zumindest verlangt das intransi-
tive *zart'nowm* (hier mit ‚in Wallung geraten' übersetzt) ein Subjekt im Nominativ.

[747] „so sehr"

[748] „ins Innere der Werke". Woher nimmt Aucher *laquei*?

[749] „ließ... frei". *barjarjakem* (nicht in den Wörterbüchern) soll wohl dasselbe heißen
wie *arjakem* (P. Manian mündlich)

[750] „körperliche Vermischung"

[751] „Ähnlichkeiten von Liebe"

jedoch bekämpft sie den, mit dem sie in körperlicher Gemeinschaft[752] zusammenlebt, und verteilt (bereits) ihr Erbe unter die Heiden[753]. Mit dem Körper ist sie friedfertig, mit der Seele aber rebellisch. Ja, mehr noch: nichts tut sie friedlich, sondern alles im Krieg. Keinen[754] läßt sie heil davonkommen, ohne auf ihn, den sie umhegen sollte, einen Anschlag zu versuchen. Geschickt verheimlicht sie (ihren) Betrug[755], damit (ihr Opfer) unter dem Anschein, etwas Wohltuendes zu erhalten, heimlich die tödlichen Folgen erntet[756]. So erweisen diejenigen, die Gift unters Essen mischen[757], an ihrem (Beispiel)[758] die Kochkunst zum Verrat – und (erweisen) die böse Tat eben jener Frau als Vergiftung[759].

(34) Merkst du die verschlagene Gesinnung[760], Simson? Von einer Frau bist du um den Sieg gebracht worden! Von jetzt ab sieh zu, daß du über den zweiten Stolperstein[761] nicht (auch noch) fällst! (Oder) vielmehr gib acht, daß du nicht zum zweiten Mal am gleichen Stein zu Fall kommst! Vergiß nicht, worin du (so) geübt bist[762]; sei mir künftig vorsichtiger und beherrschter[763]! Grausam, Simson, und unberechenbar ist das weibliche Geschlecht. Es vermag den Starken weich und weibisch zu machen und die Kraft des Körpers durch den Betrug der seelischen Begierde zu überwältigen. Nur (Frauen) ist es leicht, Helden[764] zu bändigen; denn nicht mit Waffen und mit Heldenmut ziehen sie in den Kampf, sondern (ihr) Gesicht ist ihre Waffe, (ihr) Schwert (aber) die Stimme[765], (und) Zärtlichkeit und Schmeichelei (sind ihr) Feuer. – Was aber mehr als alles andere überrascht[766]: In dem Moment, wo wir mit ihnen Frieden schließen, siegen sie. Wenn wir über etwas zornig sind, gewinnen wir

---

[752] „Vermischung" (wie eben)
[753] „Geschlechter" (*azgk'* = ἔθνη; vgl. das von ASA I 6 c unten gegebene Synonym *het'anosk'*)
[754] „Keinen Menschen/Körper"
[755] „Aber das bringt sie fertig zur Täuschung des Betrugs"
[756] „das verborgene Todbringende als Früchte erhält"
[757] pleonastisches „geknetet" weggelassen
[758] „an sich"
[759] „durch ebendiese Frau als Gift genommen"
[760] „Siehst du die Falschheit des Geistes…?"
[761] „Stein… stolpernd", Erinnerung an die (in Abs. 1 schon kurz gestreifte) Delila-Geschichte
[762] „was du in die Natur gelernt hast"; vgl. bei Bedrossian die Redewendung *owsanim i beran* ‚ich lerne auswendig'. Wieder ein Vorgriff: gemeint ist wohl Simsons Stärke, d. h. seine Fähigkeit zu monentanen Kraftleistungen, die ihm ja den Tod brachte.
[763] „beständiger/stetiger"
[764] „das Geschlecht der Starken"
[765] „das Wort"
[766] „Und was das Neuere ist als alles". Vgl. Anm. 608

wieder die Oberhand; wenn wir aber für milde und gefällig gehalten werden[767] wollen, werden wir zu Unterdrückten. Vor allem aber: Wenn sie auch im Wundenschlagen schneller sind als jeder Pfeil, können sie doch denjenigen nicht treffen, der nicht will. Ihre Geschosse erweisen sich als wirkungslos und vergeblich, solange wir uns nicht selbst (in die Schußbahn) bewegen und die (Pfeile) selber auf uns ziehen. Was heißt das[768]? Es begegnet (dir) ein hübsches Frauengesicht[769] – wirkungslos ist diese Waffe, solange (du) sie unbeachtet[770] läßt. Wenn du ohne weitere Gedanken[771] an ihr vorüberziehst, kommst du unverwundet davon. Läßt du dich aber reizen, richtest Blick auf Blick und (versuchst), mit dem Gesicht das Gesicht der Frau (zu) fesseln, geschieht das Gegenteil, daß (nämlich) die geistige Verlockung ihre Treffer selbst[772] empfängt. Überwunden von (ihrer) Waffe, trifft sie ins eigene Herz. So sind (unsere) Schwerter eine nutzlose und vergebliche Bewaffnung: wir gebrauchen sie gegen uns selbst, wenn wir sie von uns aus zücken[773]. – 57

(35) Niemand von (euch) Zuhörern soll (mir) vorwerfen, daß[774] (ich) mich selbst verkenne oder mir mehr anmaße, als recht ist[775]. Nicht um Simson etwas zugute zu tun oder um (durch) meine Rede[776] einen unvernünftigen Menschen als vernünftig hinzustellen, habe ich mich bei dieser Abschweifung[777] aufgehalten, sondern erstens, um die Heiden[778] anzuklagen und die Heimtücke ihres Wollens bloßzulegen, zweitens aber, damit *uns* diese Rede (etwas) nützt; denn die Fehler der Alten[779]

---

[767] *hamaresc'owk'* fasse ich als Passiv auf

[768] „Wie?"

[769] „Vorübergehend stand ein leuchtendes weibliches Gesicht"

[770] „gefallen" (von *ankanim* ‚ich falle' etc.)

[771] „einfachen Sinnes"

[772] „ihre entgegengerichteten Schüsse" – falls man *ənddēm… jigsn* aufeinander beziehen darf. Falls nicht, ist *ənddēm* Adverb und bloße Verstärkung von *hakaṙak;* der Sinn bleibt derselbe. Auchers beide Übersetzungen wären mir zu frei.

[773] *jgelow* ist vom Sinn her die bessere Lesart als *zgenlow* (von *zgenowm* ‚ich bekleide mich')

[774] die Partizipien sind offenbar als Akkusative aufzufassen

[775] „als (das) Maß"

[776] „welche von mir gesprochen wird diese Rede" (statt: „…durch diese Rede'), ein *schema per casus* (vgl. Anm. 423) zur Vermeidung zweier aufeinanderfolgender Ablative mit *i.*

[777] sofern man *žaṙangowt'iwn* ‚Erbe/Besitz(ergreifung)' als (mißverstandene) Wiedergabe von κατάσχεσις (ASA) und dieses wiederum im Sinne von ‚Zurückhalten' (LSJ) auffassen darf. Sonst muß man emendieren; Auchers Vorschlag (S. 570 Anm. 1) lautet *čaṙagrowt'iwn* ‚Beschreibung'.

[778] *aylazgik';* vgl. Anm. 642

[779] „der Ersten" (und nachher entsprechend: „der Zweiten")

sind (die beste) Gewähr für die Rechtschaffen(heit und) Vernunft der Jungen. Das Leben ist eines, und die Neigungen der Menschen sind (stets) dieselben[780], die Verlockungen[781] gleich (und) die Laster (bei) allen ähnlich. Darüber zu sprechen, ist nützlich, selbst wenn es nachträglich geschieht[782]; und[783] was von Anfang an gesagt wird, ist den Späteren[784] von Vorteil. Wenn sie[785] nach den gleichen Täuschungen zu leben sich angewöhnt haben[786], werden ihnen diese Worte[787] wie ein Heilmittel begegnen, das tödliche Gifte bannt.

(Wir waren) aber dabei[788], die Geschichte von der Rätselfrage auszuführen; die Betrachtung des Zaubers[789] der heidnischen Frau ist (uns) dazwischengekommen und hat die Erzählung unterbrochen. Laßt uns nun dahin zurückkehren, von wo wir ausgegangen sind.

(36) Als die Zechbrüder am Morgen den Wein ausgeschwitzt[790] hatten und über den Witz des Rätselspruchs nachdachten, fanden sie die Lösung nicht – er ist (ja auch) kniffliger[791] als (gewöhnliche) Rätsel – und kamen zu dem Schluß[792], daß sie (ihn) nicht verstanden hatten; unerfindlich schien (ihnen) sein übergroßer Tiefsinn. Drei Tage vergingen ihnen mit Grübeln[793]; schlaflos (waren) die Nächte. Am vierten Tag flüchteten sie sich[794] zu Simsons Frau – ein deutliches Eingeständnis der Niederlage, zugleich schamlose Bettelei um einen unfairen Sieg. Inwiefern? (Da) kommen sie zu der Frau und drängen: „(Liebe) Frau, wir sind

---

[780] „dasselbe"

[781] „Fallen"

[782] „denn (pleonastisch) selbst wenn sie (Pl. – ‚Worte' ist hinzuzudenken) nach diesem (ohne Bezug) gesagt werden"

[783] „denn/deswegen"

[784] „den Zweiten" (vgl. Anm. 779)

[785] „welche"

[786] „im Leben bestimmt/disponiert werden"; periphrastisches Passiv

[787] „werden sie diese Worte als... finden"

[788] „Weil es etwas Bereitetes/Zukünftiges (war)"

[789] „der Zauber der Betrachtung" (*schema per casus;* vgl. Anm. 423)

[790] „abgeschüttelt/weggewischt"

[791] *imastagoyn* = σοφώτερος (ASA), hier in einem sehr speziellen Sinn. – Der Konstruktion nach ist dieser Satzteil klar ein Hauptsatz und damit Parenthese (gegen Auchers Übersetzung), steht übrigens auch im Präsens.

[792] „urteilten" (*datem* = κρίνω ASA)

[793] „Und die drei Tage vergingen ihnen, welche suchten" – so ist nach Ri. 14,14 der Satz aufzufassen (*or xndrēin* Nebensatz zu *noc'a* und nicht, wie Aucher konstruiert, zu *awowrk'n*)

[794] im Armenischen mit drei Verben ausgedrückt, was wohl Aucher zu dem Zusatz *coacti sunt* veranlaßt hat. Zu *ankanim* in der Bedeutung ‚ich flüchte mich hin zu...' siehe ASA I 169a.

deine Landsleute[795], (deine) Eltern, (deine) Heimat! Das Land, das du
(um dich) siehst, und (deine) Besitzungen grenzen an (die von) uns
alle(n). Du aber hast dich nur durch eine Übereinkunft, einen Bund[796]
mit einem Fremden vereinigt. So achte und ehre doch den einen Teil
nicht mehr[797] als so viele Teile und (laß) die Liebe zu dem Fremden nicht
stärker sein als die Liebe zu deinen Eltern! – Uns hat Simson ein Rätsel
aufgegeben, und wir wetteifern[798] mit ihm um Sach(werte). In dieser einen Aufgabe liegt sowohl die Gefahr[799] für mühsam Erarbeitetes[800] als
auch die Schmach[801] einer Niederlage. Unser Ansehen ist gemeinsam(e
Sache): wir müssen den Fremden ausstechen! Gemeinsam wäre auch die
Beschämung des Verlierens. Wenn alle Bürger Schande erleiden, muß
auch ein Teil der Schande auf dich abfallen. (37) Gönne also dem Fremden den (Sieger)kranz nicht mehr als deinen Eltern; ehre (deinen) Mann
nicht mit unserer Blamage! Um das Gesicht Simsons heiter und freundlich zu sehen, mach[802] das (deiner) Eltern nicht trübe und bekümmert! –
Wenn du aber[803] auf unsere Worte nicht hören, sondern mehr mit (deinem) Mann zusammenarbeiten willst, wirst du den gesamten Schaden
tragen, wir aber gar keinen[804]. Denn sollte dir nur an *seinem* Ansehen
gelegen sein, werden wir den Wettpreis aus deinem elterlichen Besitz
bezahlen, von dir aber als Preis für (deine) Widersetzlichkeit den Tod
fordern (vgl. Ri. 14,15). So werden wir nichts verlieren, sondern (sogar
noch) Gewinner sein. Der Preis wird aus deinem Hab und Gut bezahlt,
und der Ärger, den wir durch die Niederlage empfinden könnten, wird
durch deinen Tod aufgewogen[805]."

(38) Nun möchte vielleicht der eine oder andere Zuhörer einwenden:
Wenn dem Mädchen solche Drohungen gemacht wurden, ist es nicht
mehr gerecht, sie (dafür) zu tadeln, daß sie den eigenen Vorteil höher
eingeschätzt habe als den eines Andern. – Lies die Schrift genau, und du,

---

[795] „Stadt"
[796] Hs. A liest Akk.; Hs. C liest (weniger plausibel) „durch Begehren" (vgl. Anm. 680)
(Angaben Auchers S. 571 Anm. 1)
[797] *patowem* offenbar für προτιμάω
[798] „streiten"
[799] „Versuchung"
[800] „Mühe der Werke"
[801] „der Schaden"; im Sinne der Gegenüberstellung ist aber wohl der immaterielle
Schaden gemeint.
[802] „wolle"
[803] „Denn wenn du"
[804] „wir aber werden nicht allen Schaden des Schadens tragen"
[805] „gelöst"

der du jetzt die Ankläger der Frau tadelst, wirst dich als Gegner[806] der Frau erweisen! Die Leute, die das Rätsel(raten) mitmachten[807], waren drei Tage fleißig am Suchen; (erst) nach dem dritten nahmen sie den Umweg[808] zu ihr. Sie (aber) versuchte (es bei) Simson vom ersten Tag an (vgl. Ri. 14,17 a). Bevor irgend jemand drängte, drängte sie; bevor jemand (sie) um einen Gefallen bat, bat sie, ihr einen Gefallen zu erweisen. So geriet[809] Simson in die Verführung ihrer Machenschaften. Nicht unter Zwang, sondern vielmehr von Natur aus verübte sie (ihr) Werk[810]. Weil wir (nun) alle zusammengekommen sind im Zweifel[811] über das Gesuchte, hat (hiermit) das böswillige, trügerische Verhalten der Frau die Bezeichnung ,Raub'[812] erhalten; denn (das) war es jedenfalls. Hätte jemand von ihr eine Gefälligkeit verlangt, hätte sie sie (ihm sofort) erwiesen; und als sie gebeten wurde, machte sie das Maß der Bosheit voll[813] – die List durchzuführen, Simson zu betrügen und die Unbeschnittenen (mit dem Sieg) zu krönen.

(39) Um nun (meine) Aussage nicht unbelegt zu lassen, sondern nachzuweisen, daß die Frau raffiniert[814] und verschlagen war, will ich, wie angekündigt, die Schrift selber euch als Zeugen anführen. Erinnert euch, was die Ausländer von der Frau wollten und wann, was die Frau wollte und wann sie zu bitten begann! (Um zu sehen), ob es so ist, (wie ich sage), wollen wir zuerst klarlegen[815], was (über) die Fremden (dasteht): *Und sie konnten drei Tage lang (die Lösung des) Rätsel(s) nicht sagen. Da sprachen sie zur Frau Simsons: ,,Betöre und hintergeh deinen Mann!"* (Ri. 14,14–15) – Da es nun nach dem dritten, (also) am vierten (Tag) war, daß sie forderten, sie solle Simson betrügen, hätte sie in dem Moment erst anfangen dürfen mit (ihrem) Betrug. Was aber tat sie, und wann begann sie zu betrügen? Aus der Schrift selbst wollen wir es hören,

---

[806] *primus* in Auchers Übersetzung ist (verstärkender) Zusatz

[807] ,,entgegennahmen"

[808] ,,irrten sie ab"

[809] ,,geschah über…"

[810] Auchers Übersetzung verschmilzt (unnötig) die beiden Satzhälften ineinander

[811] ,,in der Meinung des Zweifels" (Aucher paraphrasiert)

[812] Es muß wohl Gen. stehen: *yapʿštakowtʿean;* dann ist der Sinn nicht mehr (wie Aucher S. 572 Anm. 1 beklagt) unsicher.

[813] ,,vergrößerte sie die Bosheit"

[814] *amenagorc* entspricht eindeutig πανοῦργος (wäre bei ASA I 59 b *amenagorc* 2. Absatz nachzutragen). – Satz geringfügig umkonstruiert

[815] eine reguläre Bedeutung von *lowcanem;* im Original stand vermutlich ἐπιλύω. Die Lesart der Hs. C (Auchers Anm. S. 573) ist ein vereinfachender Eingriff (vgl. Anm. 796. 857). Die andere von Aucher mitgeteilte Lesart ist keine Variante, sondern mit seinem Text identisch.

denn sie läßt es erkennen[816]: *Und Simsons Frau weinte bei ihm*[817] *(die) sieben Tage (lang), an denen sie das Festgelage hielten* (Ri. 14,17)[818] – Wenn dem so ist, gehen die ersten drei (Tage) auf ihre Bosheit zurück und nur die übrigen vier auf die Bitten. Daraus ist zu folgern[819], daß diejenige, die zu betrügen anfing, ehe man (sie) bedrohte, ohne alles[820], ohne Zwang (ihren) Mann verriet.

(40) Was soll ich (dazu) sagen? Abscheuliche, niederträchtige Frau! Du begehrst das Geheimnis[821] zu hören, nicht um dich an seinem (inneren) Zusammenhang zu freuen, auch nicht, um von (deinem) Mann Scharfsinn[822] zu lernen, sondern um (ihn), wenn er (es dir) gesagt hat[823], zu verraten (und) ihm den (Sieger)kranz wegzuziehen, den er[824] (selbst nur) mit geistigen Mitteln[825] erarbeitet hatte! Schämst du dich nicht angesichts der[826] Brautfackeln und empfindest du keine Reue, wenn du die Brautkrone siehst, das Symbol des Ehe(bundes)? Beachtest du die Güte[827] deines Gatten nicht, beschämt dich nicht dieses Bankett, das Simson deinetwegen der Festgesellschaft[828] gab? Das Festmahl[829] ist (noch) nicht zu Ende, da hast du die Ehe schon aufgelöst; ehe du die Krone abgesetzt hast, hast du den Mann (schon) verraten. Durch dich[830] wurde das Ehebett demjenigen feind, der es bereitet hatte; aus den Hochzeitsliedern hast du Trauer und Wehklagen gemacht. Darum hast du (auch) nach den sieben Tagen nicht, wie es sich für eine Verheiratete[831] gehört, das Ehebett gewahrt, sondern die Ehegemeinschaft aufgelöst und zersprengt (vgl. Ri. 14,20 LXX Cod. A)[832].

---

[816] „Die Schrift selbst, denn sie gesteht (es), (sei es,) die wir hören wollen"

[817] „über ihm" (so schon die LXX, die das Hebräische allzu wörtlich wiedergibt)

[818] Text des LXX-Cod. A. *noc'a* ist Mißverständnis des dort vorkommenden Hebraismus ἐν αὐτοῖς (Verstärkung von οἷς); der Übersetzer hat es auf die Gäste bezogen.

[819] „Also ist zu sagen" (folgt a.c.i.)

[820] „mit nichts": entgegen dem Sprachgebrauch, d. h. den Wörterbüchern, nach denen man ‚mitnichten' übersetzen müßte, ist diese Formel hier offenbar wörtlich genommen. Auchers *sine ulla vi* ersetzt sie, statt sie zu übersetzen.

[821] „das Rätsel/Problem"; gemeint ist wieder einmal die Lösung (oder der Sinn) des Rätsels (Synekdoche)

[822] „Weisheit"; vgl. Anm. 791   [823] „den Sprecher"

[824] „der (auf Simson bezogen) ihñ"

[825] „mit Weisheit" (wie Anm. 822)

[826] „vor den"

[827] „das Mitleid". Gemeint ist aber wohl das im folgenden Gesagte

[828] „dem Festschmaus" (Metonymie)

[829] lies *zginarbowns* (offensichtlicher Druckfehler)

[830] „dir"

[831] „für eine Ehe"

[832] καὶ συνῴκισεν...: das unterstellt, abweichend vom Hebr., eine Absicht der Frau. – Auchers Übersetzung läßt nicht erkennen, ob er die Passage verstanden hat.

(41) Als sich die List nun auswirkte[833], wurde der Sieger zum Besiegten, und die Verlierer wurden zu Siegern. Sie begannen, die Lösung des
Rätsels zu geben[834], um es (Simson) mit allen Mitteln heimzuzahlen[835].
Dichtgedrängt standen sie um ihn und gaben die Antwort: *Was ist süßer
als Honig und stärker als der Löwe?* (Ri. 14,18) Als das Simson hörte und
(merkte), woher der Betrug kam, sagte er: „Das Rätsel ist gelöst, meine
Herren[836]; der Sieg aber gehört einer Frau, nicht Männern. Denn *hättet
ihr nicht mit meiner Kuh*[837] *gepflügt, hättet ihr mein Rätsel nicht gelöst*[838]
(Ri. 14,18)."

(42) Welcher erneute Scharfsinn[839]! Was für ein bewundernswertes
Rätselwort (ist das) wieder! Nicht annähernd[840] hätten sie es verstehen
können, wenn es nicht die Tat[841], die von ihnen verübt worden war, klar
aufgedeckt hätte. Was sagst du, Simson? *Hättet ihr nicht mit meiner Kuh
gepflügt*[842]*, hättet (ihr) mein Rätsel*[843] *nicht verstanden*[844]. Was das besagen will, überfordert, scheint mir, (selbst) uns, (wenn) wir es ergründen
(wollen)[845]. Doch ist es für die Heiden (vielleicht) angebracht, Simsons
Sprüche nicht zu begreifen; wir aber, (seine) Verwandten[846], (sollten
sie) verstehen. Denn wir forschen nicht aus betrügerischen Motiven[847],
wie sie, sondern (zum) Dank gegen Gott[848]; wir studieren die (Sprüche)
zum Erinnern[849] der Weisheit. – Gib uns Suchenden zu erkennen, was

---

[833] „stark werdend siegte"
[834] die drei in Auchers Text zur Wahl gestellten Formen bedeuten alle dasselbe.
[835] Partizip statt finiter Form (Konjunktiv wäre zu erwarten). Auchers Übersetzung
gibt die Konjunktion *zi* nicht wieder.
[836] *ov arkʿ* = ὦ ἄνδρες (vgl. Anm. 95)
[837] im Armen. hat *erinǰ* die reguläre Nebenbedeutung ‚Ehefrau‘
[838] „gefunden" (vgl. Anm. 523). Text nach LXX-Cod. A; die erste Hälfte des Spruchs
entspricht jedoch Cod. B. – Das Akkusativzeichen *z* vor *aṙarkacn* ist anakoluthisch
[839] „O zweite Weisheit"
[840] „nicht vollkommener"
[841] „das Wort". *ban* = ῥῆμα in diesem Sinne ist Hebraismus (LXX-Sprache)
[842] *arōrabek* ‚pflug-gespalten‘ (vgl. Malxaseancʿ) muß im Verband mit *aṙnem* dasselbe
heißen wie *arōradir aṙnem* ‚ich pflüge‘. Im unteren Kontext wird dann *arōradir* verwendet.
(Hier liegt wohl eine Katachrese vor, befremdlich genug im Bibelzitat.)
[843] anakoluthisches *z* wie vorher (Anm. 838)
[844] Jetzt entspricht der Satz in beiden Hälften Cod B. der LXX. (Die armen. Bibel lautet
anders.)
[845] „übersteigt auch uns Ergründende"
[846] „Stammesangehörigen"; *hamatohm* = ὁμόφυλος (ASA). Der dt. Ausdruck ‚Volks-
genosse‘ ist mir zu anrüchig.
[847] „zum Betrug der Unterschlagung" (Handiadyoin). *xorowmn* steht nur bei
Kouyoumdjian (in seiner neuarmen. Form *xorowm*)
[848] „(zu) göttlichem Dank"
[849] Mit Auchers Übersetzung ignoriere ich die Lokativendung *i. owseal* ziehe ich als
Verstärkung zum Verbum.

deine Erwähnung der ‚Kuh' will, was die ‚pflügende' Kuh! Wir sehen ja, daß die Kuh nicht (Werkzeug des) Pflügens war, sondern pflügte[850]. Wie(so) nennst du nun die, die pflügte, das Pflugtier[851]? – (Sehr) schön (und) verborgen, weiser (Simson), hast du das Geschehene angedeutet! Die Frau, die ‚Kuh'[852], wurde zum Mittel; (denn) sie ließ sich drängen (und) von den Fremden zum Pflügen benützen[853]: *Betöre und hintergeh deinen Mann!* (Ri. 14,15) – Dich aber hat *sie* unter den Pflug genommen[854]. – So schön und kunstvoll ist dein (Spruch verschlüsselt)[855]! Daher (sagst du) im Hinblick auf den gewaltsamen Umweg[856] (der Fremden): *(ihr) habt mit meiner Kuh gepflügt.*

(43) Nachdem er ihnen diese Antwort gegeben hatte, nahm er auf   575 andere[857] Weise Rache für den Wettpreis, den sie[858] (ihm) zu[859] ihrem eigenen Sieg entrissen hatten. Da (ja) der fremde Volksstamm als Einheit gelten konnte[860], brachte er (einige) entfernter (wohnende) Verwandte um und schmückte (mit der Beute) die näheren (vgl. Ri. 14,19). Über deren Tod sie hätten in Schwarz gehen müssen, aus eben deren Besitz putzte er sie glänzend auf. (Das war gerade so,) wie wenn jemand aus leiblichen Brüdern einen schmückte, indem er einen (anderen), un-

---

[850] Die beiden (vom selben Verbum stammenden) Partizipialformen, die hier gegenübergestellt werden, sind nach den Regeln der Grammatik synonym (als einzige Ausnahme fand ich bei Jensen § 273 *xawseal/xawsec'eal,* dem jedoch Bedrossian unter *xōseal, -ec'eal* widerspricht). Obwohl im Altarmen. beim Partizip kein genus verbi unterschieden wird, scheint hier doch ein griech. Wortspiel mit einem aktiven und einem passiven Partizip wiedergegeben zu werden (so Auchers Auffassung). Alle Ableitungen von *arōr,* die in diesem Abschnitt vorkommen, sind in dieser Weise zweideutig. Den Sinn dieses Rätsels, das der Übersetzer zum Rätsel des Predigers über das Rätsel Simsons hinzufügt, kann ich (in Auchers Spuren) nur vermutungsweise rekonstruieren.
[851] „pflugziehend" (so nach Malxaseanc'). Die Etymologie ist *arōra-dir* ‚pflug-gestellt'. – Wie mag dieses Wortspiel griechisch gelautet haben?
[852] „die weibliche Kuh"; gemeint ist: ‚die Kuh, die das Weib war' oder „. . . als welche das Weib hier bezeichnet wird'
[853] „durch die Fremden wurde sie (zum) Pflugtier *(arōradir),* bedrängt und Drängen auf sich gezogen habend"
[854] „gepflügt"
[855] „So schön und kunstvoll verhält sich dir!" – *owni* steht wohl für unpersönliches ἔχει
[856] „Von dort durch die Gewalt der Flucht mit Eile" (letzteres pleonastisch). Zur Bedeutung des Substantivs *el* siehe ASA.
[857] *aylpisi* ist eine in den Wörterbüchern nicht belegte Ableitung von *aylpēs;* die Variante *ayspisi* (Hs. C; Aucher S. 575 Anm. 1) ‚solche' wäre lectio facilior (vgl. oben Anm. 815)
[858] „sie selbst" (pleonastisch); *noc'ownc'* (Abl. Pl. von *noyn)* siehe Meillet S. 60
[859] *i* vor *yaɫt'owt'eann* und vor *ink'n* (also *yink'n).* Ebenso wird das *z* von *zhatowc'owmn* von den beiden *z* in *zi (z-i)* und in *zgrawanin* vorweggenommen.
[860] „(als) einer gefunden wurde"

schuldigen auszöge und so den Sieger bekleidete. (Doch) nicht von ungefähr[861] und keineswegs unbedacht tötete (Simson) – daß (mir) keiner
den Weisen tadle! –, sondern um angesichts[862] der Drohung der Fremden schonend[863] zu der Frau zu sein. Diese hatten ja, um sie zum Verrat
an Simson zu nötigen, angedroht, das Haus der Frau in Brand zu stecken.
Nachdem nun durch deren Sieg das Haus vor dem Niederbrennen bewahrt blieb, machte er, damit die Verräter nicht (auch noch) Gewinn
(aus ihrem) Sieg hätten[864], mit dem Schwert Feuer unter den Fremden.
(44) (Damit) handelte er nicht nur gerecht, sondern auch (nach) dem
Willen der Heiligen Schrift[865]; denn auch die Schrift sagt an einer Stelle
ausdrücklich: *Wer eine Grube scharrt, wird hineinfallen* (Pred. 10,8)[866].

Mir sind bei dem gerechten Simson seine Rätsel nicht weniger er-
staunlich als seine Heldentat. Wer[867] dreißig starke (Männer) nieder-
schlug und sie mit solcher Geschicklichkeit[868] überwältigte, daß er ihre
Gewänder nicht durch das Blutvergießen unbrauchbar machte, hätte
sehr wohl das eine Haus derer, die (zu) zerstören (drohten), (seinerseits)
zerstören und ihren unfairen Sieg zum Anlaß eines Blutbads nehmen
können. Hätte er das getan, wäre jedoch der Anschein entstanden[869], er
schrecke vor dem Verlust des Wetteinsatzes (zurück) ⟨und⟩[870] verstoße
gegen die Regeln der Wette. (45) Klug, wie er war, sah er indes (zu), wie
er schadlos bleiben[871] könne und (doch) treu gegenüber den Wettgenos-
sen. Aus fremdem Gut trieb er den Wettgewinn ein, um den ‚harmlo-
sen‘[872] Gewinnern (ihre) Forderung aus der Wette zu erstatten. Obwohl
sie (für) ihren hinterlistigen Sieg[873] eine größere Strafe verdient gehabt

---

[861] *ənd vayr = vayrapar,* wofür eines der griech. Äquivalente εἰχῇ ist (ASA)

[862] „wegen"

[863] „menschenfreundlich"

[864] „den Sieg gewönnen"

[865] „der göttlichen Schriften"

[866] vor allem nach LXX-Cod. B. Der Spruch findet sich noch öfter: Sir. 27,26 und (er-
weitert) Spr. 26,27

[867] In Auchers Übersetzung ist (lt. Corrigenda S. 628) *qui* nachzutragen und das
Satzende zu verschieben.

[868] „mit seiner so tüchtigen Natur"

[869] „wäre er dafür gehalten worden, daß"

[870] von Aucher eingefügt. Man könnte auch statt dessen *anc'aneal* lesen oder *anc'anel*
für die spätere Form des Partizips nehmen (vgl. Anm. 99).

[871] „sich retten"

[872] „sozusagen unbeschädigten/unschädlichen". Ich muß hier ein Wort ironisch verwenden, um das Wortspiel mit dem aktivischen und dem passivischen Sinn von *anvnas* =
ἀβλαβής wiederzugeben. – *servans* in Auchers Übersetzung hat keine Entsprechung im
Armen.

[873] „die mit List gesiegt hatten"

hätten, war es (für) den Besiegten doch (noch) nicht der Zeitpunkt,
(jetzt), im Moment seiner Niederlage, an den Siegern Rache zu nehmen.
Als der Besiegte leistete er die vereinbarte Zahlung. Als jedoch die Gelegenheit, sich zu rächen, vorbei war, tat Simson dies: Nachdem er die
Strafe bezahlt, die Pflicht erfüllt und sich dem gegenseitigen Versprechen bei der Wette unterworfen hatte, fand er zu einem späteren Zeitpunkt (Gelegenheit), es den Falschspielern heimzuzahlen. Weder betrog
er[874], solange die Wette gültig war[875], (so daß) man ihn als wortbrüchig
hätte tadeln (können), noch ließ er danach (die Sache) hingehen, (so
daß) man ihn als Feigling verleumdet hätte. Vielmehr, wie es sich für einen Weisen gehört und nicht minder für einen Gerechten, gab er (so,
daß) er (dabei) keinen Schaden litt, und war nicht undankbar oder ge-
mein, als er fremdes (Gut) schmälerte[876]. Weder übte er Vergeltung[877],
als ihm selbst Unrecht geschah, noch tat er Unrecht, als er Vergeltung
übte. Er wartete lediglich ein Weilchen. **(46)** (Um) der Dinge zu harren,
(die) geistbegabten Männern begegnen[878], erwog er in seinem Geist[879]
zuvor[880] jede Gelegenheit; (und) als der Augenblick (gekommen) war,
schritt er zur rechtzeitigen Vergeltung an den Fremden. Nachträglich
rächte er sich an den Betrügern. *Daß* er sich rächte, war Sache[881] seiner
Stärke; (es) recht (zu tun), gelang ihm jedoch (erst) zur (gegebenen)
Zeit[882]. Denn es wäre sehr ungehörig gewesen, was er am liebsten getan
hätte[883], und hätte zu seinem Charakter nicht gepaßt, auf der Stelle   57
Brautkammer und Hochzeitsfest zu vergessen und denen, die eben noch
zum Zeichen ihrer Hochzeits(freude) Festkleider trugen, Schwert und
Krieg auf den Hals zu schicken[884]. Wie sehr auch alle diese[885] Heiden

---

[874] *zrkem* = ἀδικέω (das ist zumindest das häufigste nt. Äquivalent; bei ASA fehlt eine
griech. Angabe). Das Objekt *socios* ist in Auchers Übersetzung eingefügt
[875] „zur Zeit der Wette"
[876] „das des Fremden (ab)schneidend". Hs. C liest „zurückgebend" (Aucher S. 576
Anm. 1), wohl im bösen Sinne
[877] „entsprechende Vergeltung" (pleonastisch)
[878] Ciakciak 342 a: *gal i v(e)r(ay): hasanel, arrivare*
[879] *hogi* (vgl. Anm. 609), wie eben vorher *hogekir*
[880] „sah voraus"; wörtlicher Partizip: „voraussehend". Die Konstruktion ist nicht gerade deutlich; die Beziehung von Auchers Latein (vgl. auch die Korrektur S. 628) auf den
armen. Text ist es noch weniger.
[881] „geschah durch"
[882] „fand er kommend (pleonastisch) durch die Zeit"
[883] „was er vorgezogen/gewählt/beschlossen hatte"
[884] „über... zu bringen"
[885] statt *azgd* (wohl = τὸ γένος, accusativus graecus)

von Natur schnöde und undankbar sind, so wenig ging es an, daß an derartiger Undankbarkeit (auch nur) dem Anschein nach der Gerechte[886] teilnahm.

Ohne Vorbereitung über Simson

---

[886] Die betonte Endstellung von *ardaroyn* könnte Hinweis auf ein gewisses Predigtziel sein.

Über die Gottesbezeichnung
‚wohltätig verzehrendes Feuer'[887]

anläßlich der Erscheinung der drei jungen Männer[888] vor
Abraham, als er am Mittag dasaß: *Und als er seine Augen er-
hob, sah er...* (Gen. 18,2)

(Fragment)

(1) (...) Denn was einen Vergleich erträgt[889] von[890] (all) dem, was
bezüglich Gottes denkbar[891] ist, (muß) mit den großen Augen der Seele[892] gesehen werden. Die Helligkeit des Seienden, der intelligiblen
Sonne, geht auf und läßt zeitweise (ihren)[893] stetigen Schein wie mit[894]

---

[887] „Darüber, daß Gott ein in Wohltat verzehrendes Feuer genannt wird"; oder noch
wörtlicher griechisch: Περὶ τοῦ Θεὸν ἐν εὐεργεσίᾳ πῦρ ἀναλίσκον καλεῖσθαι (Rücküber-
setzung). Auchers *De Deo...* ist irreführend, mag aber weiterhin als Kurztitel dienen. Bei
ASA im Vorwort (I 20 a) heißt der Text *tesil eric' aranc' aṙ abraham* „Erscheinung der drei
Männer vor Abraham" (vgl. Auchers lat. Seitenüberschriften) und sonst gelegentlich (z. B.
I 922 a unter *xoč'owmn*) *g. mank.* „(Erscheinung der) 3 jungen Männer"; dazu die nächste
Anmerkung.

[888] In der LXX heißen sie ἄνδρες (vgl. auch den in der vorigen Anm. mitgeteilten Titel
tesil eric' aranc'...). Ob bei der hier vorliegenden Bezeichnung *manowkk'* die drei παῖδες
im Feuerofen (LXX-Zusatz zu Dan. 3,23, Überschrift, LXX ed. Rahlfs II 175) Pate gestanden haben? – Die folgenden Worte der Überschrift stehen (lt. Aucher 613 Anm. 2) nur
in Hs. C

[889] „verglichen ist"

[890] Auchers Übersetzung *ad* paßt nicht zu *i* mit Abl.

[891] *imanali* = νοητός (ASA), im folgenden auch mit ‚intelligibel' übersetzt. Vgl.
Anm. 494

[892] *ogik'* im singularischen Sinn kommt auch in *De Sampsone* 8 und 9 vor. Theoretisch
könnte man auch übersetzen: „mit den Augen großer Geister"; das erscheint mir aber zu
modern.

[893] in ähnlicher Weise fügt Aucher ein *ipse* ein; ‚zeitweise' und ‚stetig' würden sich sonst
gegenseitig aufheben.

[894] „von" (Genitiv)

Strahlen aufleuchten[895]; darauf erzeugt sie schattenloses Licht, (das) die Seele von allen Seiten umstrahlt; später steht es weiter oben[896], über dem Scheitel. Denn nicht allen kommt es zu, sondern all denen, die ihre Blicke nach oben richten, (um) in das göttliche Licht (zu) gelangen[897]. — Man teilt es gewöhnlich in zwei, wie die intelligiblen Lichter[898] des Tages, zur Ausbreitung[899] von Gleichheit und Gerechtigkeit und zur[900] Unterscheidung des ungeschaffenen, intelligiblen Lichtes vom sichtbaren.

(2) (Von denen)[901] nun, die wie von der Mittagshelligkeit die ganze Seele erfüllt haben, heißt es mit Recht: *mit aufblickenden Augen sah er…* (vgl. Gen. 18,2). Denn auch diejenigen, die in der Heiligen Schrift des Herrn[902] bewandert sind[903], verstehen[904] jenes „Erkenne dich selbst". Auf menschliches Glück verzichtend, wovon[905] sie einen Teil, die Geradheit der Lebensweise, schon[906] erreicht haben[907], öffnen sie die Augen, sehen[908] und[909] erblicken (die Dinge), welche, das Obere (und) Erhabene emporhaltend, schweben[910], und sie erforschen die göttliche Natur.

Es steht jedoch dabei: *mit… Augen*[911], wovon mancher vielleicht sagen möchte, es sei überflüssig, weil man mit anderen Organen (ohnehin) nicht sehe. (Es ist aber) notwendig, denn (es) soll besagen, daß jeder, der

---

[895] *ənciwłem* siehe bei ASA unter *ənjiwłem*

[896] Die hier zugrunde liegende Vorstellung ist mir unklar. Denkt der Prediger an eine Art Heiligenschein?

[897] so wörtlich. Auchers Übersetzung schwächt ab

[898] Auchers Sg. *lumen* ist falsch. — Wahrscheinlich sind Sonne und Mond gemeint; sie heißen ‚intelligibel', weil die spekulative Astronomie der Antike den Sternlauf für *a priori* erkennbar hielt (vgl. H.-I. Marrou, Gesch. der Erziehung im klassischen Altertum, hg. v. R. Harder, Freiburg/München 1957, S. 114 mit Anm. 17)

[899] „Aussaat". Der Vorstellungsgehalt ist auch hier dunkel: die Sonne als Wächter über das Verhalten der Menschen oder Sonne und Mond als Zeitmaß?

[900] *ar* hier mit Gen., aber wohl doch im gleichen Sinn wie vorher *ar* mit Akk.

[901] hinzuzudenkendes natürliches Subjekt des passivem Verbums im Plural; von Aucher übersehen

[902] *tērownean* = κυριακός, ein im jüdischen Sprachgebrauch bisher m. W. nicht belegtes Wort

[903] „Übung haben"

[904] „sehen"

[905] Für Auchers Übersetzung müßte *oroc'* (Dat. Pl.) dastehen

[906] *zaṙajinn* (adverb) „zuerst"

[907] „sich ereignete, (ihnen) zufiel" (*masn* ‚Teil' ist Nom.)

[908] *erigunt* bei Aucher hat keine Entsprechung im armen. Text

[909] „(um) zu"

[910] so wörtlich. Aucher übersetzt nur sehr ungefähr.

[911] Das Determinierungs-*n* dürfte die griechische Zitierpartikel τό wiedergeben

mit geistigen Augen[912] sehen (will), solange er auch nur eines von ihnen *nicht*[913] schließt oder bedeckt, überhaupt nichts sieht. Denn nicht in gleicher Weise[914] enthüllt die Schau[915] und ist (auch) nicht gleich stark wie das (leibliche Sehen)[916], daß (so) ein des Sehens Begabter entstünde. In diesem Sinne[917] heißt jeder Prophet mit gemeinsamer Bezeichnung ‚Seher‘.

(3) Anschließend heißt es: *und siehe, drei Männer standen über ihm* (Gen 18,2). Denke nun nicht, daß Abschnitt(e) eines Zwitters[918] hier[919] als ‚Männer‘ bezeichnet werden, aus (bloßer) Gegenüberstellung gegen Frauen – als ob[920] nicht Männer, sondern (etwas) wie Männer erschienen sei, da ja[921] die Gottheit sich nicht in eine fremde Species verwandle. Freilich[922] darf sie keinen Wandel erfahren! Wenn sie den (menschlichen) Geist (auch) in einer vertrauten Gestalt anrührt, ist sie (doch selbst) auf die Erfahrungen[923] des Ewigen und Unsichtbaren beschränkt. Doch[924] will (dieses Wort) das männliche Geschlecht des Seienden[925], womit er das Universum sät und aus Barmherzigkeit Sterbliches lebendig zeugt, den Verständigen erweisen. Denn Viele hielten es

6

---

[912] „mit Augen des Gemüts *(mitkʻ)*“

[913] Im Text steht klar eine doppelte Verneinung (paradox!), von Aucher als Herausgeber eigens mit Akzenten hervorgehoben, von Aucher als Übersetzer übersehen. – „von ihnen“ bezieht sich übrigens nur auf „Augen“, nicht auf „geistige Augen“, ein Anakoluth.

[914] „in dieser Weise“

[915] *tesakan* als Substantiv siehe Bedrossian

[916] „wie diese“ – nämlich wie die leiblichen Augen, von denen man auch mal eines zudrücken kann. – Diese Stelle haben weder Aucher noch die von ihm (S. 614 Anm. 1) mitgeteilte Glosse noch ASA (II 51 b *hasarakazōr* und 868 a *tesanoʻakan*) verstanden.

[917] „überdies“; *ews* = ἔτι (ASA), hier als Partikel, die das letzte einer Reihe von Argumenten ankündigt (LSJ ἔτι II.[1]; häufig bei Aristoteles). Ich übersetze freier, damit klar wird, inwiefern diese letzte Bemerkung überhaupt ein Argument ist – für die These, das geistige Sehen sei anders beschaffen als das leibliche.

[918] „Halbmannes“, d.h. Eunuchen. Möglich, daß mit ‚Abschnitt‘ hier ein indezentes Wortspiel getrieben wird; daß dergleichen auch auf Kanzeln zu gewärtigen war, legt Gal. 5,12 nahe. Der ganze Gedanke soll absurd wirken (vgl. Lausberg § 1180) und so als Kontrast die folgende These vorbereiten.

[919] „jetzt“

[920] „weil“ *(kʻanzi)*

[921] oder „damit“ (participium conjunctum im absoluten Genitiv)

[922] wieder *kʻanzi*

[923] *əndownelowtʻiwn* ‚Aufnahme/Annahme‘ in dem antik-metaphysischen Doppelsinn von ‚Erleiden‘ und ‚An sich-Haben‘. Eigenschaften wurden πάθη genannt; darauf beruht diese nahezu unübersetzbar gewordene Passage.

[924] wieder *kʻanzi*. Die Konjunktionen lassen nicht erkennen, wie sehr der ganze Abschnitt aus Gegensätzen besteht.

[925] mit der Lesart *ēin* (bei Aucher in Klammer); der Akk. Pl. *ēsn* gibt m.E. keinen Sinn.

für richtig, die undifferenzierte[926] Substanz zu Gott zu machen – in Unkenntnis des Unterschiedes (zwischen dem), was tut, und (dem, was)
wird. (Es ist) aber eine nützliche Lehre, zu betrachten, was in allen (Dingen) das Männliche ist, und was an Weiblichem etwa vorhanden ist.
Denn das Weibliche, das Leidende, ist die Materie, das Männliche aber
der Weltschöpfer. Dieser erscheint seinem Jünger und gerechten Vertrauten samt (seinen) Heerscharen[927], (samt) Hauptleuten[928] und
Erzengeln zu beiden Seiten. Sie alle dienen dem Ersten Herrscher[929] in
ihrer Mitte.

(4) Der sich da in der Mitte befindet, heißt ,seiend' (Ex. 3,14 LXX);
doch dieses ,seiend' ist nicht sein eigener und eigentlicher[930] Name.
Denn er selbst ist namenlos und unnennbar, wie (er) auch unfaßlich (ist).
(Seiner) Existenz aber (entspricht), daß[931] er ,der Seiende' genannt
wird[932]. – Von den Begleitern[933] zu beiden Seiten ist der eine Gott und
der andere Herr – (dementsprechend) wie einer für die schöpferische,
ein anderer für die herrscherliche Macht Symbol ist.

(5) Über diese drei Männer scheint mir jene Orakelantwort Gottes
(im) Gesetz gegeben[934] zu sein: *Ich will zu euch sprechen vom Sühndek-
kel[935] herab, aus der Mitte der beiden Cherubim* (Ex. 25,22). Geflügelt
waren also die Heerscharen; auf geflügelten Wagen pflegten sie über
dieser ganzen Welt zu thronen. Der Vater selbst befindet sich nicht (los-
gelöst) über den Heerscharen, sondern (hat sie) alle in sich hängen[936];
denn er allein ist die Basis des Bestehens und die gemeinsame Stütze al-

---

[926] „gestaltlose". Es geht hier jedoch nicht um eine Gestalt oder Species, sondern ums
Geschlecht.

[927] *zōrowt'iwnk'* wohl Wiedergabe des at. δυνάμεις

[928] *zōraglowx* entspricht hier wohl στρατηγός (vgl. ASA), einem aus den Nag-Hamma-
di-Texten (IV 66,28; 75,27; IX 17,11.14; siehe F. Siegert, Lexikon zur Erfassung der Be-
griffe in den Schriften von Nag Hammadi [abgeschlossen; erscheint vielleicht 1980]) be-
kannten Engelrang. Vgl. auch Lampe στρατηγός 4.

[929] *išxan* ist am wahrscheinlichsten = ἄρχων (vgl. ASA), womit man in der hellenistischen Militärterminologie den Rang über dem στρατηγός bezeichnete (siehe LSJ). *išxan
aṙajṇord* entspricht dann Πρωτάρχων, dem in gnostischen Schriften verbreitet gewordenen Titel des kosmischen Gottes.

[930] Auch fügt dem Wort *tēr* die Glosse *(tirapēs)* bei; im Griech. kann κύριος sehr wohl
Adjektiv sein und den Sinn ,eigentlich' haben.

[931] „der gemäß" (Anakoluth)

[932] Variante (in Klammer): „(als) der Seiende erkannt wird"

[933] „Beschützern/Dienern"

[934] *ōrinadrem* = νομοθετέω (ASA)

[935] *k'awaran* = ἱλαστήριον (ASA, LXX)

[936] so wörtlich. Das Verbum ist im Armen. ein Partizip der Vergangenheit (hier aktivisch gemeint); ein Hilfsverbum *ē* ist hinzuzudenken.

ler (Dinge). Daß er aber *von oben herab* spricht, der (doch) in der Mitte ist, sagt (die Schrift) deshalb, weil (der) Seiende durchs Wort das Universum bereitet hat und (dieses) durch seine Vorsehung sprechend[937] und vernünftig[938] geworden ist[939]. – In wessen Mitte er aber ist, macht (die Schrift) klar, die die (beiden) *Cherubim* nennt: davon ist[940] der eine der Schöpfermacht geheiligt[941] und wird mit Recht ‚Gott' genannt, während der andere der herrscherlichen und königlichen (Macht zugehört und) ‚Herr' (heißt)[942].

(6) Deren[943] Anblick erweckte und trieb auch den Propheten Jesaja. Er empfing einen Anteil an dem, der als Pneuma der Gottheit über alles erhaben ist. Von diesem ausgegossen, gerät der prophetische (Geist) in Verzückung und Taumel[944]. So spricht er[945]: *Ich sah den Herrn auf einem hohen Thron sitzen. Die Herrlichkeit füllte das Haus*[946], *und Seraphim standen rings um ihn. Jeder einzelne hatte sechs Flügel: mit zweien bedeckten sie das Gesicht, mit zweien bedeckten sie die Füße, mit zweien flogen sie* (Jes. 6,1–2). – *Seraphim*[947] wird übersetzt (mit) ‚Typoi'[948] oder auch (mit) ‚Brandlegung'. (Das) sind[949] direkte[950] Bezeichnungen der (himmlischen) Heerscharen; denn sie sind (Ur)bilder[951] und Stempel[952], mit denen der Schöpfer die Welt formte[953], als er jedem Ding die (ihm)

6

---

[937] *jaynawor* = φωνήεις (ASA) ‚tönend'

[938] *banawor* = λογικός (ASA)

[939] Verbum im Armen. im Plural (natürlicher Numerus)

[940] *lini* (hier wohl im Sinn des engl. *to happen* –Bedrossian –) mit a.c.i. (genauer: accusativus cum participio); oder aber die beiden Partizipien sind aktiv und *lini* Hilfsverb; Subjekt dieser transitiven Konstruktion müßte dann (hinzugedacht) die Heilige Schrift sein, in der aber nichts Derartiges vorkommt. – Auchers Übersetzung gibt den Akk. *zmin* nicht angemessen wieder.

[941] „geweiht (und) gesetzt"

[942] die griech. Termini siehe Philon, *De Abr.* 121; *De vita Mosis* II 99

[943] „Dieser"

[944] *astowacarē ew kokozanay* = ἐνθουσιάζει καὶ κορυβαντιᾷ (ASA), eine im echten Philon häufige Wortgruppe

[945] Subjekt im Armen. ebenfalls in der Schwebe

[946] im Armen. umgekehrt: „das Haus füllte die Herrlichkeit"; wohl ein Versehen, denn im übrigen wird der LXX-Text genau wiedergegeben.

[947] „Cherub" *(k'erovbē)*, was weder zum Jesaja-Zitat noch zu der Übersetzung ‚Brandlegung' (oder: ‚in-Brand-Stecken') paßt. Ich emendiere *serovbēk'*; vgl. unten 9 (Anfang)

[948] *tipk'* (Lehnwort)

[949] „waren" (Impferfekt)

[950] statt des Adverbs *i dēpowlił* ‚geradeaus'

[951] *tesil* = εἶδος etc. (ASA)

[952] *knik'* = σφραγίς, χαρακτήρ (ASA)

[953] *tpaworem* = τυπόω (ASA) ‚ich präge' (um eine Wiederholung zu vermeiden, hebe ich mir dieses Wort für das Satzende auf)

zukommenden Eigenschaften[954] (ein)signierte und (auf)prägte[955].
Deswegen heißen sie ,Typoi'. – ,Brandlegung' aber (heißen sie) deswegen, weil sie die Unordnung und Wirrnis der Materie verzehren; sie verwandeln sie in Ordnung und damit auch das Gestaltlose[956] in Gestaltetes
und das Schmucklose[957] in Schmuck. Denn die (himmlischen) Heerscharen sind nicht aus[958] zerstörerischem, sondern aus heilsamem Feuer,
durch welches alle Dinge kunstvoll geschaffen wurden.

Darum, scheint mir, vertreten einige, die von der Philosophie her-
kommen[959], die Theorie[960], daß ein schöpferisches Feuer[961] in den Weg
der Erzeugung des Samens eingeht[962]. Denn die ausgedehnte[963], sich
ausbreitende[964] Glut[965] des Lichtes[966] hat (die Philosophie)[967] den kör-
perlichen Augen zugeordnet[968], die in den unsichtbaren Dingen erkenn-
bare Natur hingegen, durch die die Materie geschaffen und geformt
wird, den[969] scharfsichtigen[970] Augen des Geistes, die das Dichte und
Dicke durchdringen[971]. (Dieser) erspäht, um sich blickend, jenes schöpferische Feuer, das die göttlichen (Eben)bilder schafft – keine unbeseel-
ten, sondern beseelte und vernunftbegabte.

---

[954] *orakowt'iwn* = ποιότης (ASA)

[955] *knk'em*, Verbum zu *knik'* (Anm. 952). Wörtlich: „signierend und prägend alle einzelnen passenden Eigenschaften in den Dingen (*ēk'* = ὄντα)" – ein Zeugma

[956] „das gestaltlose Seiende"

[957] *anzard* = ἄκοσμος (ASA); das Spiel mit den zwei Bedeutungen dieses Wortes ist im
Dt. nicht wiederzugeben.

[958] „waren nicht von..."

[959] „aus der Philosophie sind" (gemeint sind Stoiker); vgl. 10 (Anfang)

[960] „legen dar". Konstruktion: a.c.i., darin eingebettet ein Akk. mit Partizip

[961] *howr arowestakan*, das πῦρ τεχνικόν der Stoiker

[962] „auf den Weg (oder: Durchgang) fällt bei (oder: zu) den Geburten des Samens"
(letzteres Akk.). Aucher vertauscht die Numeri und fügt ein *producenda* ein, ohne dadurch
mehr Klarheit zu erzielen. M. E. handelt es sich hier um eine Theorie über die Lebenskraft
im Samen (σπέρμα in seiner griech. Mehrdeutigkeit)

[963] verkürzter Relativsatz statt des bloßen Adjektivs (Text in Ordnung?)

[964] „zerstreute"

[965] ASA I 922 a zitiert zu *xanč'owmn* unsere Stelle unter der Bedeutung ,Schwellung'
(die hier sehr pleonastisch wäre; Auchers Übersetzung verkürzt), gibt aber in Klammer
auch die hier bevorzugte Bedeutung zu erwägen.

[966] Das Wort *lowsoy* fehlt in Auchers armen. Text; es wird jedoch bei ASA I 922 a
(siehe vorige Anm.) zitiert und auch von Aucher sowohl in der Übersetzung als auch in der
Fußnote (S. 616 Anm. 3) vorausgesetzt.

[967] wegen der beiden Akk.-Gruppen (die Aucher wie Nominative behandelt) muß man
yanjneal ē aktivisch nehmen und ein Subjekt aus dem oberen Kontext ergänzen.

[968] „anvertraut"

[969] „mit den" (Instrumentalis), Anakoluth – als ob es heißen sollte: ,ist nur mit den...
sichtbar'.

[970] „schnellsichtigen"

[971] „welche die Schwere der Dicke öffneten"

(7) Mose aber sagt es noch klarer[972]: *Der Herr, dein Gott, ist verzeh-* 6
rendes Feuer (Dtn. 4,24) – ein verzehrendes, nicht zur Vernichtung, sondern zur Rettung[973]; denn Retten, nicht Zerstören ist Gottes Art[974]. –
Vielleicht seid ihr darauf gespannt, zu hören, auf welche Weise ein
scheinbares Verzehren (doch) intakt erhält. Doch (das) ist leicht aus
Beispielen zu lernen. Wenn wir von einem Maler sagen, er habe alle Far-
ben zur Vollendung eines Bildes ‚verbraucht‘[975] oder ein Bildhauer habe
die Bronze zu einer Statue oder ein Baumeister[976] Holz und Steine zu einem Haus oder allgemein ein Künstler Material zu (seinem) Kunstwerk
‚verbraucht‘, – meinen[977] wir da, daß (er es) vernichtet habe? Keineswegs! Denn es bleibt (ja) die Farbe in dem Gemälde[978] erhalten, die
Bronze in dem Bildwerk, Steine und Holz in den Bauten und die übrigen
Materialien in dem, was[979] (jeweils aus ihnen) entstand[980]. Sie überdau-
ern aber in einer besseren Verfassung[981]; sie nehmen Form, Ordnung,
Eigenschaften[982] an. So ‚verbraucht‘[983] – nach Mose und allen, die
seit[984] ihm Naturkundige[985] waren – auch Gott die Materie, nicht um sie
in nichts[986] zurückkehren zu lassen, sondern – im Gegenteil – (zur) be-
wahrenden (Über)führung aus nichts ins Bestehen. In allen (Dingen) ist
er die Ursache ihres Fortbestandes[987].

(8) Den dichteren, gröberen, schwereren Stoff hat er verbraucht zur
Schaffung[988] der Erde, den feineren und leichteren zur (Er)zeugung des
Feuers; für das[989] Wasser den feineren, für die Erde den gröberen, für

---

[972] ein pleonastisches *yaytni* „deutlich" unübersetzt
[973] wörtlicher wäre: „durch Vernichtung… durch Rettung"
[974] *aṙanjnaworowtʻiwn* = ἰδιότης (oder auch ὑπόστασις) (ASA)
[975] im Armen. dasselbe Wort wie das oben mit ‚verzehren‘ übersetzte
[976] genetivus auctoris bei einem (nicht vorhandenen) Partizip; Kontext passivischer
a.c.i. – Derlei Spielereien mit der Syntax bleiben im Dt. besser unnachgeahmt
[977] „sagen"
[978] die Textvariante ist ohne Bedeutung
[979] *yorowm* ist Subjekt, trotz Lokativ: Kasusattraktion
[980] „werdend vollendet wurde"
[981] *ownakowtʻiwn* = ἕξις oder σχέσις (ASA)
[982] *orakowtʻiwn* siehe Anm. 954
[983] „verzehrt" (wie Anm. 975); den conjunctivus obliquus (?) lasse ich unberücksichtigt
[984] Der Text ist korrupt. Statt *zi* in *ǝst* zu ändern (so Aucher), streiche ich bloß das *z*.
Bleibt die Härte des Numeruswechsels zwischen *amenayni* und *orkʻ… eɫen*.
[985] *bnaxōs* = φυσιολόγος (ASA; Manandean S. 115)
[986] *ocʻ* kann auch Nomen sein: ASA II 516b (letzter Absatz zu *ocʻ*; dort auch inhaltliche
Parallelen)
[987] „ihrer Rettung"
[988] *goyacʻowtʻiwn* hier wohl = σύστασις (vgl. ASA)
[989] „(die Schaffung) des"; so auch im unteren Kontext

Feuer und Wasser den luftigeren[990]. Denn außer (ihnen) bleibt nichts. Diese vier Stoffe, (die) Elemente[991] des Alls, hat er, ⟨so⟩[992] sagte ich, in(s) All ‚verbraucht' und hat nicht die Zerstörung, sondern die Bewahrung[993] (damit) gewollt.

(9) Ich möchte (weiter) von der Entstehung des Alls sprechen, (um) darzulegen, (warum)[994] die Seraphim, ⟨wie⟩[995] wir (vorhin) hörten, je *sechs Flügel* haben, wovon sie *mit zweien die Füße, mit zweien das Gesicht bedecken und mit den beiden übrigen fliegen*[996]. Ganz natürlich! Die Füße sind der[997] unterste Teil des Körpers, das Gesicht der oberste. Fundament der Welt – sozusagen die Füße – (sind) Erde und Wasser; die Decke[998] – sozusagen das Gesicht – (sind) Luft und Himmel[999]. Die Heerscharen des Seienden aber erstrecken sich[1000] – gewissermaßen mit ihren Fußsohlen[1001] – vom einen (Ende der) Welt bis zum andern[1002]. Sie bedecken schützend[1003] die *Füße* des Alls, (d. h.) seine unteren materiellen Teile, Erde und Wasser, und das *Gesicht,* (nämlich) Luft und Himmel, die von ihnen umfaßten oberen Elemente[1004]. Doch steht kein einziges von (Gottes) vertrauten Geschöpfen[1005] abseits, sondern sie er-

---

[990] so wörtlich; für die Konfusion kann ich nichts.

[991] *skizbn* = ἀρχή (ASA); ‚Prinzipien' wäre mißverständlich

[992] „⟨wie⟩ ich sagte"; *orpēs* von Aucher eingefügt

[993] „Rettung"

[994] „daß" (ein a.c.i., wo aber der Infinitiv anakoluthisch in den Instrumentalis gesetzt wird, als ob der folgende Relativsatz der Hauptsatz wäre, zu dem er adverbiale Bestimmung ist: ‚indem…')

[995] auch hier muß ein *orpēs* eingefügt werden. Auch tut dergleichen nur in der Übersetzung *(quod)*

[996] Der Infinitiv (trotz des Relativsatzes) erklärt sich als anakoluthischer Rückfall in die übergeordnete a.c.i.-Konstruktion (Anm. 994); er ist andererseits determiniert, wie das Verbum im Relativsatz determiniert sein kann (Jensen § 549)

[997] „erhielt(en) den" (mit Akk.). *otk'* bereits in neuarmenischer Weise als Singular aufgefaßt (daher Auchers Übersetzung) oder zumindest so konstruiert

[998] „Gesicht". Ich habe *eresk'* von dem nachher folgenden *dēmk'* differenziert

[999] Hier ist die Konfusion zu beheben, wenn man davon ausgeht – was der Prediger offenbar tut –, daß der Himmel aus Feuer besteht. Die simple Aufzählung der vier Elemente wird in diesem Abschnitt noch vermieden.

[1000] im Armen. Verb im Singular, wie wenn in der griech. Vorlage ein Neutrum Subjekt gewesen wäre

[1001] „wie von ihren Fußsohlen". Aucher gibt weder die Bedeutung noch den (allerdings problematischen) Casus dieses Wortes (Abl.) richtig wieder.

[1002] „von Welt bis Welt"; *tiezer* = οἰκουμένη (ASA in Umschrift)

[1003] im Armen. ein Adverb im Komparativ/Elativ (von Aucher mit *melius* wiedergegeben)

[1004] „Naturen"

[1005] im Armen. Singular

heben sich weit in die Höhe und umgeben den Herrscher und Vater in (ihrer) Mitte.

(10) Daher sagten auch einige, von den Naturphilosophen[1006] (her)kommend[1007], die Elemente Erde und Wasser, Luft und Feuer seien Anziehung und Gegensatz. Jedoch meint (auch) der Prophet die verborgenen Kräfte der vier Elemente symbolisch[1008] (mit) den vier Flügeln, (die) wie eine Schutzwehr um Gesicht und Füße ausgebreitet[1009] (sind), und (nennt als Symbole) des Gegensatzes und der Anziehung die (beiden) erhobenen (Flügel), die zum Obersten Herrscher[1010] emportragen. Denn (zwischen) Krieg und Frieden, die mit anderen Worten auch ‚Anziehung' und ‚Gegensatz' genannt werden, ist er allein der Vermittler[1011].

(11) Ist er es nicht, auf den die mosaischen Orakelworte[1012] hindeuten: *Ich hob euch auf wie auf Adlerflügeln und führte euch zu mir* (Ex. 19,4) – der(selbe), (von) dem (es) in dem großen Hymnus (heißt)[1013]: *Er behütete ihn*[1014] *wie einen Augapfel, wie ein Adler wohl seine Jungen zudeckt und Liebe empfindet zu seiner Brut: er breitet seine Flügel aus und läßt sie herein; er hebt sie auf seinen Rücken. Der Herr allein führte sie*[1015], *und es gab bei ihnen keinen anderen Gott* (Dtn. 32,10–12).

(12) Siehst du, welch herrliche Leistung er Abraham[1016] erweist[1017]?   6▮
Erde und Wasser und Luft und Himmel läßt der Schöpfer an sich hängen, breitet sie in (seiner) Vorsehung oben aus und hebt die Welt empor wie mit Wächtern[1018]. Mit seinen Wächtern, den Heerscharen (näm-

---

[1006] *bnakan* = φυσικός (ASA), lt. ASA auch Synonym zu *bnaxōs;* dazu siehe Anm. 985
[1007] *ekeal* von Aucher wohl als pleonastischer Zusatz zu *asac'in* aufgefaßt und übergangen
[1008] *nšanakaw* = *nšanakabar* = συμβολικῶς (ASA)
[1009] vielleicht soll *bnakem/bnakim* hier σκηνόω ‚ich schlage ein Zelt auf' wiedergeben (vgl. ASA). Auchers *adhaerentes* ist geraten.
[1010] siehe Anm. 929
[1011] *aṙit'* kann auch heißen: ‚Ursache, Anlaß', was hier allerdings gewagt wäre. ASA: μεσίτης, μέσον, ὑπόθεσις, ἀφορμή
[1012] ich nehme *banic'n* für das in dem Nebensatz sonst fehlende Subjekt: Kasusattraktion
[1013] ,,der in ... ist"
[1014] im Bibeltext Israel
[1015] nämlich die Israeliten
[1016] Wenn man mit Aucher *y* einfügte, wäre die wörtlichste Übersetzung: ,,⟨in⟩ (der) Abraham-(Geschichte)" (vgl. Röm. 11,2 ἐν Ἡλίᾳ). Vielleicht ist aber *abraham* Dativ des indeklinierbaren Ἀβραάμ
[1017] ,,bestätigt"
[1018] Diese unserer Vorstellung völlig fremde Stelle gebe ich wörtlich wieder. Zu den ‚Wächtern' siehe den weiteren Kontext

lich), befestigt er (sie) von außen zum Zweck der Bewahrung und des Bestehenbleibens der vollkommensten Geschöpfe. Neid[1019] aber, wie ich schon so oft gesagt habe[1020], hält[1021] er weit von sich fern und ist in (seiner) Großzügigkeit[1022] der Allerfreigebigste. Sein Angesicht[1023] und (das seiner) Heerscharen schickt er zu uns (als) Helfer (in) Übeln und Nöten, welchen (jeder) unterliegt[1024], (der) aus dieser sterblichen Natur entstanden ist.

(Ps.?-)Philon über die Gottes⟨bezeichnung⟩ ‚wohltätig verzehrendes Feuer'[1025], anläßlich der Erscheinung der drei jungen Männer.

[1019] Akkusativzeichen *z-* von Aucher eingefügt
[1020] nicht im vorliegenden Fragment
[1021] „jagt und treibt"
[1022] *mecaxorhrdowt'iwn* = μεγαλοψυχία oder μεγαλοφροσύνη (ASA)
[1023] oder „Gestalt", „Form" etc. (*kerparank'* ist ein ganz unspezifisches Wort; siehe ASA). – Gemeint sind wohl die drei Männer oder überhaupt die Engel
[1024] „welche hat"
[1025] wie Anm. 887; *anowanel* von Aucher eingefügt.

Abkürzungs- und Literaturverzeichnis

(gleichartige Werke in der Reihenfolge der Präferenz; gelegentlich genannte Signaturen beziehen sich, wo nicht anders angegeben, auf die Tübinger Universitätsbibliothek)

TEXTE

Lewy
    Lewy, Hans: The pseudo-Philonic *De Jona*. Part I. (Studies and Documents, 7), London (1936) (mehr nicht erschienen)

Aucher
    Aucher, Jo[hannes] Baptista (Awgereanc', Mkrtič'): Philonis Judaei paralipomena Armena, Venedig 1826 (Titel auch armen.) (Cd 7944 a. 4°)

LXX
    Septuaginta, ed. Alfred Rahlfs, 2 Bde., Stuttgart [1935]

armen. Bibel
    Astowacašunc' matean hin ew nor ktakaranac', [ed.] Yovhannēs Zōhrapean, Venedig 1805 (GA XIII 2.4°)

Dionysios Thrax
    Adontz, N. (Adonc', N[ikołayos]) (Hg.): Ars Dionysii Grammatici et Armeniaca in eam scholia, Petrograd 1915 (Haupttitel russisch) (Mechitharistenbibliothek Wien: B 336)

WÖRTERBÜCHER

ASA
    Awetik'ean, Gabriēl/Siwrmelean, Xač'atowr/Awgerean, Mkrtič': Nor baṙgirk' Haykazean lezowi, 2 Bde., Venedig 1836. 1837 (Bayer. Staatsbibl. München: 4° L. as. 74 1.2)

Bedrossian
    Bedrossian, Matthias (Petrosean, Matat'ia): New Dictionary Armenian-English, Venedig 1875–1879 (Nachdruck Beirut [1973]) (Titel auch armen.)

Malxaseanc'
    Malxaseanc', St.: Hayerēn bac'atrakan baṙaran, 4 Bde., 2. Aufl., Beirut 1955 (vorher Erewan 1943) (SLS orient. spr. lit. Q 538)

Ciakciak
    Ciakciak, Emmanuele (Žaxžaxean, Manowēl): Dizionario armeno-italiano, Venedig 1837 (Titel auch armen.) (Ci III 5.8°)

Kouyoumdjian
    Kouyoumdjian, Mesrob G. (Gowyowmčean, Mesrop K.): A comprehensive dictionary Armenian-English, Kairo 1950 (Nachdruck Beirut o. J.) (Titel auch armen.)

    Sowk'iasyan, A. M.: Hayoc' lezvi homanišneri baṙaran, Erewan 1967 (SLS orient. spr./lit. Q 537)

    Nar Bey, A. ⟨Ambroise Calfa⟩: Dictionnaire arménien-français, 2 Bde., 5. Aufl., Paris 1972 (Nachdruck der 4. Aufl. von 1893)

    Miskgian, Joannes (Misk'čean, Yovhannēs): Manuale lexicon Armeno-Latinum, Rom 1887 (Nachdruck Louvain 1966) (Titel auch armenisch)

LSJ	Liddell, Henry George/Scott, Robert/Jones, Henry Stuart: A Greek-English Lexicon, Oxford 1940 (und Nachdrucke)
W. Bauer	Bauer, Walter: Griechisch-deutsches Wörterbuch zu den Schriften des Neuen Testaments und der übrigen urchristlichen Literatur, 5. Aufl., Berlin 1963
Lampe	Lampe, G. W. H.: A Patristic Greek Lexicon, Oxford 1961 (und Nachdrucke)

Sonstige Hilfsmittel

Konkordanz	Astowacatowrean, Tʻadēos: Hamabarbaṙ hin ew nor ktakaranacʻ, Jerusalem 1895 (19 B 275)
Jensen	Jensen, Hans: Altarmenische Grammatik, Heidelberg 1959 (Indogermanische Bibliothek, N.F., I. 10)
Meillet	Meillet, A[ntoine]: Altarmenisches Elementarbuch, Heidelberg 1913 (Indogermanische Bibliothek I 1,10)
	van Damme, Dirk: A short classical Armenian grammar, Fribourg (Schweiz)/Göttingen 1974 (Orbis biblicus et orientalis, subsidia didactica, 1)
Karst	Karst, Josef: Historische Grammatik des Kilikisch-Armenischen, Straßburg 1901 (Nachdruck Berlin 1970)
Lausberg	Lausberg, Heinrich: Handbuch der literarischen Rhetorik, 2 Bde., 2. Aufl., München 1973

Sekundärliteratur

| Manandean | Manandean, Yakob: Yownaban dprocʻə ew nra zargacʻman šržannerə [Die Hellenophile Schule und die Perioden ihrer Entwicklung, neuostarmen.], Wien 1928 (Azgayin matenadaran [Nationalbibliothek], 119) |
| Akinean | Akinean, N[ersēs]: Yownaban dprocʻə ⟨572–603⟩ (Die Hellenophile Schule ⟨572–603⟩ [neuwestarmen.]), in: Handes Amsorya 46, 1932, Sp. 272–292, dt. Resümee 376–380 |

Sonstige Abkürzungen und Zeichen

(außer den in „Die Religion in Geschichte und Gegenwart", 3. Aufl., verwendeten)

Abl.	Ablativ
a.c.i.	accusativus cum infinitivo
Akk.	Akkusativ
App.	Apparat
Cod.	Codex (der LXX)
Dat.	Dativ
Gen.	Genitiv

Abkürzungs- und Literaturverzeichnis

lt.	laut
m. E., m. W.	meines Erachtens, meines Wissens
Nom.	Nominativ
Pl.	Plural
sc.	scilicet
Sg.	Singular
„...“	Zitat, direkte Rede
„...‘	metasprachliche Verwendung eines Ausdrucks; auch: Zitat im Zitat
(...)	Einfügung im dt. Text
⟨...⟩	Einfügung im armen. (und dt.) Text

TRANSLITERATION DES ARMENISCHEN

a b g d e z ē ə t‘ ž i l x c k h j ł č m y n š o č‘ p ǰ ṙ s v t r c‘ w p‘ k‘ ō

Bibelstellenregister

(eingeklammert: Nennungen im Vorwort und in den Anmerkungen.
Wörtliche Zitate kursiv)

Namenregister

(nur zu den Predigten)

Stichwortregister

(in Auswahl, nur zu den Predigten. Gottesprädikte kursiv)

Menschen 9, 11, 15, 21, 23, 26, 30, 35, 37, 41 f., 44–46, 48, 55, 68, 75
Menschenfreund 17
Menschenfreund 10, 62
menschenfreundlich, Menschenfreundlichkeit 17, 45, 56
Menschengeschlecht 44
Menschenjäger 40
Menschenliebe 13, 19 f., 33, 36, 38, 48, 52 f., 57
menschenliebend 36, 54
menschenliebend 19
Menschennatur 54
Menschenwelt 38
Menschheit 45
menschlich 11, 15, 33, 35, 40, 57, 63, 68, 85; vgl. human
Menschlichkeit 18
mild, Milde 23, 56, 58, 74
Mitarbeiter 10; vgl. Diener, mittun
Mitgefühl, Mitleid 44, 47
Mitte 87 f., 92
mittun 26; vgl. Mitarbeiter
Modell 57
Mond 11, 31 f., 56, 64
Monument 62; vgl. Denkzeichen, Erinnerungszeichen
Morgenstern 31, 32 (Anm. 265)
Mühe 14, 45 f.; vgl. Arbeit
Mutter 54, 58

Nachricht 58, 62; vgl. Botschaft
Nacht 32
Name 28, 60, 87; vgl. Gottesname
natürlich 10, 14, 91
Natur 45, 48, 54, 58, 63, 72, 77, 83, 85, 93
Natur (die in den unsichtbaren Dingen sichtbare) 89
Naturkundiger, Naturphilosoph 90, 92
Neid, neiden 19, 42, 63, 93
nichts 90 f.
Not, Not- 14, 16, 22, 35, 46, 58, 93; vgl. Bedrängnis
nüchtern 58
nützlich 9, 75, 87
Nutzen 17, 30, 65, 67
nutzlos 48; vgl. unnütz

oben, oberer 53 f., 61, 85, 88, 91 f.; vgl. erhaben, Höhe
offenbaren 31, 52; vgl. enthüllen

Opfer 61 f.
Opferfeuer 61
opfern 60
Orakel- 87, 92
Ordnung 89 f.
Organ 85; vgl. Sinnesorgan
Organismus 58
Ozean 39–41

Patriarch 24; vgl. Urvater, Vorvater
Pflanze 44–47
Pflicht 23, 82
Pharao 50
Philosophie 89; vgl. Naturphilosoph
Pneuma 63, 65 f., 88; vgl. Geist
predigen 26 f., 42, 45; vgl. verkünden
Prediger 29, 34
Predigt 12, 27–29, 33, 36 f., 42 f., 47 f., 53
preisen 31, 57
Prophet (außer „der Prophet" = Jona) 9 f., 18, 60, 86, 88, 92
Prophetenauftrag 40
Prophetengabe 11 f., 28, 34
Prophetie 12, 36, 43; vgl. Voraussage
prophetisch 88
Prüfung 28

Rache 80, 82; vgl. Vergeltung
Raum 42
Rausch 55, 58, 72
Rechenschaft 15
Recht 27
recht 82
rechtfertigen (sich) 20
Rechtfertigung 68
Rechtmäßigkeit 27
rechtschaffen, Rechtschaffenheit 61, 68, 75
retten 9, 14, 17, 19, 23–25, 29, 33 f., 41, 43, 47, 65, 90
Retter 10, 47
Rettung 10, 13, 16–19, 37, 42 f., 90
Reue 78
richten 15, 49, 67
Richter, richterlich 17, 21, 23, 27 f., 34, 47, 49, 51
Richter 15 f., 29
Richterspruch 15, 21; vgl. Urteil
Ruheplatz 40
ruhig 69

Griechisches Register

(zum Vorwort und zu den Anmerkungen)

θέλω 56
Θεός 84; vgl. 88 (Anm. 942)
θεωρέω 29

ἰδιότης 90
ἱλαστήριον 87

καλέω 84
καταργέω 22
καταστρέφω 43
κατάσχεσις 74
καταχράομαι 43
κῆτος 19
κορυβαντιάω 88
κρεῖσσον (τὸ) 33
κρείσσων 60
κρίνω 73
κτῆνος 30
κυριακός 85
Κύριος vgl. 88 (Anm. 942)
κύριος (Adjektiv) 87

λέγει 66
λογική (ἡ) 33
λογικός 88
λογισμός 72
λογοποίησις 54
λόγος 11, 54, 68
λόγος παρακλήσεως 1, 6
λόγος σπερματικός 8

μαρτύριον 25
μεγαλοφροσύνη 93
μεγαλοψυχία 93
μελισσόβοτος 69
μελισσοτρόφος 69
μέρος 29
μεσίτης 92
μέσον 92
μῦθος 22

νοητός 51, 84
νομοθετέω 87
νοῦς 63, 72

οἰκουμένη 91
ὁμόφυλος 79
ὄντα (τὰ) 89

πάθος 21, 86
παῖς 84
πανοῦργος 77

πάντα, πάντες 27
παραβολή 22
παράδειγμα 66
παραθήκη 27
πατριάρχης 24
πλανάομαι 60
πνεῦμα 63 f., 66
ποιέω 70
ποίησις 54
ποιότης 89
πράσσω 36
προβάλλω 71
προσλαμβάνομαι 54
προτιμάω 76
Πρωτάρχων 87
πῦρ 84
πῦρ τεχνικόν 8, 89

ῥῆμα 79

σεμνότης 55
σκηνόω 92
σκυθρωπάζω 41
σοφός 75
σοφός (ὁ) 65
σπέρμα 89
στρατηγός 87
συκοφαντέω 52
συμβολικός 92
συνοικίζω 78
συντρέχω 28
σύστασις 90
σφραγίς 88
σχέσις 90
σωφροσύνη 66 f.

τέλειος 11
τεχνίτης 31
τιμή 28

ὕλη 40
ὑποδέχομαι 46
ὑπόθεσις 92
ὑπόστασις 90

φθάνω 72
φιλανθρωπία 7
φιλάνθρωπος 21
φρένες 2
φυσικός 92
φυσιολόγος 90
φωνήεις 88

Wissenschaftliche Untersuchungen zum Neuen Testament

Begründet von Joachim Jeremias und Otto Michel
Herausgegeben von
Martin Hengel, Otfried Hofius, Otto Michel

Wissenschaftliche Untersuchungen zum Neuen Testament
2. Reihe

J. C. B. Mohr (Paul Siebeck) Tübingen